Briefe an die Urgoßmütter

Titelabbildung: fotolia

1. Auflage 2019

ISBN 978-3-95494-189-6
www.edition-falkenberg.de

Annegret Wienberg

Briefe an die Urgroßmütter

Frauenleben vorgestern, gestern und heute

Edition Falkenberg

Inhalt

Verstehen kann man das Leben nur rückwärts,
leben muss man es vorwärts

Søren Åbye Kierkegaard (1813–1855)

Vorwort

»Wie bist du auf die Idee gekommen, deinen Ur-Großmüttern Briefe zu schreiben?«, werde ich immer wieder gefragt.

Angefangen hat alles vor knapp 30 Jahren, als die Neugierde mich packte und ich begann, unsere Familiengeschichte (und -geschichten) zu erforschen. Die Einträge in den Kirchenbüchern, die Ehe- und Altenteilsverträge, Stammbücher und alte Fotografien gaben mir Einblicke in das Leben unserer Vorfahren und ließen sie lebendig werden.

Die Dokumente erzählten Geschichten von Lebenswegen, die oft geprägt waren von Kindstoden, Armut, Auswanderung, harter Arbeit – oder deren Verlust durch die Industrialisierung. Lebensbedingungen, die unsere Vorfahren veranlassten, ihren Geburtsort zu verlassen auf der Suche nach einem besseren Leben. Es waren Generationen, die an Mobilität unserer heutigen Generation in nichts nachstehen.

Dazu kamen die Erzählungen von Tanten und Onkeln, die mich diesen Ur-Großeltern noch näher brachten. Vor allem die außergewöhnlichen Erlebnisse und Episoden waren in ihrer Erinnerung haften geblieben.

Es war aber auch jene Zeit – vor ca. 20, 30 Jahren – in der plötzlich unzählige Biografien berühmter und weniger berühmter Frauen den Buchmarkt eroberten – Malerinnen, Dichterinnen, Komponistinnen, Wissenschaftlerinnen, Forscherinnen, Saloniéren, Abenteuerinnen, die in der Vergangenheit, lange vor unserer Zeit, Großes und Außergewöhnliches vollbracht hatten.

Besonders die Malerinnen und Dichterinnen hatten es mir angetan, gehört das Schreiben und Malen neben der Familienforschung und dem Lesen doch zu meinen liebsten Tätigkeiten. Doch beim Lesen dieser Lebensberichte musste ich feststellen: Während einige der

Künstlerinnen ihren Ruhm bis in unsere Zeit hineintragen konnten, blieben andere (und leider die meisten von ihnen) nicht im kollektiven Gedächtnis, obwohl sie ebenso talentiert waren.

Warum hatte mann (und frau) sie vergessen? Was mögen die Gründe dafür gewesen sein, und was kann ich als Frau daraus lernen?

Hatte nicht auch die Briefkultur des 19. Jahrhunderts ihren Anteil daran, dass die Einen vergessen wurden und die Anderen nicht? Briefe, die von berühmten und weniger berühmten Männern und Frauen geschrieben wurden – durchaus in dem Bewusstsein, dass diese Briefe auch unter Freunden weitergegeben oder in den Salons öffentlich vorgetragen wurden? Viele dieser Briefe sind heute noch erhalten und haben Eingang in die Literatur gefunden. Briefe, die durchaus nach dem Motto geschrieben wurden: »Wer schreibt, der bleibt« und diese Menschen so vor dem Vergessen gerettet haben?

Aber haben nicht auch unsere Ur-Großmütter Großes geleistet, aber aufgrund ihrer Lebensumstände kaum Zeit gefunden, lange Briefe oder Tagebücher zu schreiben? Da kommt es mir zu, ihnen eine Stimme zu geben, ihr Leben vor unserem inneren Auge aufzurollen, immer auch mit einem Blick auf die politischen und gesellschaftlichen Verhältnisse und Umbrüche ihrer Zeit.

Und als Frau und Mutter von Töchtern hat mich ganz besonders die rechtliche Stellung der Frauen in jener Zeit interessiert. Welche Freiheiten und Unfreiheiten hat man(n) ihnen eingeräumt und welche Freiheiten haben sie sich selbst genommen oder gar erkämpft?

Und durch die Arbeit an diesen Briefen ist in mir die Erkenntnis gereift, dass auch wir unser heutiges Leben nur im Rahmen der politischen und gesellschaftlichen Strukturen »gestalten« können. Nur mit dem Unterschied, dass wir zumindest versuchen können, Einfluss auf diese Strukturen zu nehmen.

Liebe Metta,

wir haben uns nie kennengelernt, du und ich, zumindest nicht mehr persönlich. Die zu deiner Zeit übliche Lebenserwartung sprach dagegen. Doch ich habe dein Leben studiert, soweit das überhaupt möglich war, von vielen Fotografien ist mir dein Gesicht, deine Gestalt vertraut. Du standest diesem neuen Bildmedium sehr offen gegenüber, du, dein Mann und deine Töchter, ungewöhnlich für jemanden, der 1861 das Licht der Welt erblickte, als eine so offene Einstellung zur Fotografie noch keineswegs üblich war.

Du merkst bereits an diesen ersten Sätzen, dass ich aus einer anderen Welt komme, einer Welt, in der Briefe nur noch selten mit der Hand geschrieben werden und in der die Anrede »du« an Wert eingebüßt hat, denn sie kommt nur noch in kleinen Buchstaben daher. Und das sind auch schon die bemerkenswertesten Charakteristika »meiner« Welt, die ihrer Kommunikationsvielfalt die Unpersönlichkeit entgegengestellt hat, der Überbewertung des »Du« die Gleichstellung, oft sogar Überschätzung des »Ich«.

Und doch denke ich, dass wir beide mehr gemeinsam haben, als es auf den ersten Blick scheinen mag: gemeinsam ist uns das Leben in Zeiten einer Jahrhundertwende mit ihrer Unsicherheit und Angst, ihrem Optimismus und ihrer Hoffnung. Für mich ist es sogar eine Jahrtausendwende.

Gemeinsam sind uns auch zwei Kinder. Für meine Generation ist dieses Ergebnis heute nichts anderes als »normaler Durchschnitt«, mehr durchschnittlich als normal, denn es entspricht unserer heutigen »Familienplanung«. Ich setze dieses Wort lieber in Gänsefüßchen, denn du wirst mit solch verkopften Begriffen wenig anfangen können.

Zu deiner Zeit war Familienplanung noch gar nicht spruchreif, der Papst, der übrigens nach wie vor männlichen Geschlechts ist, möchte auch heute noch nichts davon hören. Ich frage mich, wie deine Eltern wohl auf diesen begrenzten Kindersegen reagiert haben. Bist du doch die erste in einer langen Kette von Frauen in unserer Familie, die dem ewigen Kreislauf von gottgegebenen Schwangerschaften, Fehlgeburten, Kinds- und Wochenbett-Toden Einhalt geboten hat.

Und das, obwohl deine Stammtafel, die dir anlässlich deiner Heirat 1885 ausgehändigt wurde, noch Raum für den Eintrag von zwölf Geburten lässt. Der Auszug aus dem Reichsgesetz von 1875 gibt mir Einblick in die Vorgaben deiner Zeit: du bist nicht in die »Mündigkeit« entlassen worden, wie ich, sondern in die »Ehemündigkeit«, die bei deinem Geschlecht bereits mit 16 Jahren eintrat, eine Dispensation war durchaus zulässig. Was im Klartext heißt, es konnte auch schon früher geheiratet werden, wenn Vater und Aufsichtsbehörde dies beantragten.

Du hast dir Zeit gelassen, warst 23 Jahre alt bei der Hochzeit, älter sogar als ich, und das war sicher gut so. Doch in deiner Generation durfte frau nicht zu lange warten, schnell war sie als Jungfer abgestempelt, was die Heiratschancen stark reduzierte. Schnell wurde frau zum »Blaustrumpf«, wenn nicht zeitig ein Mann um ihre Hand anhielt. Für dich hätte das bedeutet, deinen vier unverheirateten Brüdern, die alle auf dem elterlichen Hof geblieben waren, lebenslang als Haushälterin zu dienen.

Doch deine Stammtafel sagt mir noch mehr. Sie gibt Auskunft über Gesetze, die ausschließlich von Männern gemacht wurden, und ich denke, es wird dich freuen, zu lesen, dass nun auch Frauen an der Gesetzgebung mitwirken können. Denn heute heißt es nicht mehr in den Vorgaben für die Eheschließung: »*Frauen dürfen erst nach Ablauf des zehnten Monats seit Beendigung der früheren Ehe eine weitere Ehe schließen*« wie noch zu deiner Zeit. Auch über den Bauch der Frau entschied noch immer der Mann.

Du erinnerst dich sicher noch an die Geschichte mit der *Pupillenkommission*, die dir von Gesetzes wegen ins Stammbuch geschrieben wurde. Zwischen Scheidung oder Verwitwung und neuerlicher Eheschließung einer Frau mussten mindestens zehn Monate liegen. Wollte ein Paar die Frist nicht einhalten, musste die Frau sich der *Pupillenkommission*, wie es in Bremen so schön hieß, stellen. Es waren natürlich nur männliche Pupillen, das versteht sich von selbst. Denn wer kauft schon gerne die Katze im Sack. Und so manche Frau wird gut beraten gewesen sein, sich um die Hüften herum etwas bauschiger zu kleiden, wenn sie vorgeladen wurde. Was zu deiner Zeit auch kein großes Problem darstellte.

Du wirst es mir vielleicht gar nicht glauben wollen, aber in den 70er Jahre unseres gemeinsamen Jahrhunderts sind die Frauen in Massen auf die Straße gegangen und haben Plakate vor sich hergetragen mit der Aufschrift: »Mein Bauch gehört mir.« Eine kleine Pille, täglich geschluckt, schützt Frauen heute vor ungewollten Schwangerschaften. Und schon gehen die Forderungen weiter, kommt die Frage auf nach der Pille für den Mann.

Ich höre dich lachen, und ich kann dich verstehen. Wie war das noch, wenn der Bock zum Gärtner …? Ich würde die Entscheidung auch lieber selbst treffen wollen. Was hätte wohl deine Großmutter gesagt, wenn man ihr diese Entwicklung prophezeit hätte … dass die Frauen keine kalten Güsse mehr machen, keine scheußlichen Beeren- und Kräutertees mehr herunterwürgen müssen, um sich vor der 7., 9. oder gar 13. Schwangerschaft zu schützen. Schließlich war fast gegen alles ein Kraut gewachsen.

Du jedenfalls scheinst dich gut damit ausgekannt zu haben, denn deine älteste Tochter Marie ist fast auf die Woche genau neun Monate nach Deiner Hochzeit mit Hermann geboren.

Du entstammst einem Bauerngeschlecht, hast, so nehme ich an, dir als erste Frau in unserer Familie deinen Mann selbst erwählt – oder zumindest geglaubt, dass es so gewesen sei. Das halte ich bei der Geschichte unserer Familie für eine ganz wichtige Entscheidung, denn deine Großmutter wurde mit ihrem Cousin verheiratet, deine Urgroßmutter ebenso. Vetternwirtschaft im Sinne von Besitzstandswahrung, der Hof musste in der Familie bleiben. Zumindest wurde eure Familie dadurch so reich und mächtig, dass später – und das hast du selbst noch miterlebt – eine neu gebaute Straße nach euch benannt wurde. Du dagegen hattest die Möglichkeit der Wahl, denn es waren genügend Brüder da, die den elterlichen Hof übernehmen konnten.

Deine Großmutter aber heiratete nicht nur um des Besitzes willen, sie war selbst noch Besitz, wie im Mittelalter und zu Abrahams Zeiten – am Hochzeitstag vom Vater an den Ehemann übergeben. Diese beiden waren von Gesetzes wegen mit dem Recht der »Gewalt« ausgestattet, durften Töchter und Ehefrauen körperlich züchtigen. Und doch wurden ihren Frauen Rechte und Absicherungen zugestanden, die deine Generation bis hin zu der meinen vielleicht zu leichtfertig aufs Spiel gesetzt hat, ausgehend von dem romantischen Anspruch, dass eine Ehe nur auf Liebe und Vertrauen aufgebaut werden sollte. Ich spreche vom Ehevertrag, der die gemeinsamen Rechte und Pflichten unserer Vorfahren regelte, auch die Aussteuer und den Besitzstand, und eine Frau für den Fall der Scheidung oder Verwitwung absicherte.

Denn war das nicht der Fall, fiel eine Witwe oft der *Gemeinheit* »zur Last«, landete in einem Witwenhaus oder bestenfalls, wenn sie betucht war, in einem Stift oder Beginenhaus.

Du selbst hast fünf Geschwister gehabt, Metta, und deine älteste Schwester starb, als sie gerade ein Jahr alt war. Da gab es dich noch nicht, und wäre sie am Leben geblieben, wärest du nicht Metta genannt worden. Du hast ihren Namen zugewiesen bekommen, das galt in früherer Zeit als Verpflichtung und nicht als böses Omen. Es waren die Namen der Mütter, Großmütter und Tanten, die schon seit Jahrhunderten in der Familie weitergegeben wurden.

Auch deine Großtante hatte den Namen Metta getragen und musste ihn – und mich schaudert es bei diesem Gedanken – mit ihrer fünf Jahre jüngeren Schwester teilen. Sie muss ein schwächliches Kind gewesen, deine ältere Großtante, sonst hätten ihre Eltern, deine Urgroßeltern übrigens, der nächsten Tochter nicht noch einmal denselben Namen gegeben. Vermutlich hatten sie jederzeit mit dem Ableben deiner Großtante gerechnet. Doch das Schicksal wollte es anders. Die jüngere Metta starb 15-jährig an den Pocken, die ältere, schwächliche Metta aber erreichte das gesegnete Alter von 84 Jahren.

Mit meinem heutigen Verständnis von der Einmaligkeit eines jeden Menschen bereitet mir der Gedanke, einen abgetragenen Namen zu haben, großes Unbehagen, obwohl sich auch mein Vorname aus den Namen zweier Großtanten zusammensetzt. Da kommt es mir als erster Frau unserer Familie zu, meinen Kindern einen nicht durch die Familiengeschichte vorbelasteten Namen gegeben zu haben. Du siehst schon, wir sind die Generation, die versucht hat, mit allen Traditionen zu brechen, die *»unter den Talaren den Muff von tausend Jahren«* beseitigen wollte. Restlos und absolut.

Ich glaube fast, du hättest dem zugestimmt, bist du doch mit deiner »Familienplanung« schon weit über das Ziel hinausgeschossen. Und da bin ich auch schon bei der nächsten Gemeinsamkeit: wir haben beide nicht nur zwei Kinder, es sind auch Töchter. Heute ist das kein Problem mehr. Nach dem Gesetz sind sie den Männern im Leben und im Beruf gleichgestellt.

57 Jahre alt musstest du werden, um noch in den »Genuss« des Wahlrechts für Frauen zu kommen. Drei Jahre später bist du bereits gestorben. Hast du dieses Recht jemals ausüben können? Oder wollen? Ich glaube fest daran, weil ich dich für eine Frau halte, die gern die Fäden in der Hand hielt. Zudem haben fast 80 % der Frauen von diesem Wahlrecht Gebrauch gemacht, obwohl die Töchter deiner Generation nicht zu politischem Denken erzogen wurden, geschweige denn, Zusammenhänge, die über den häuslichen Bereich hinaus gingen, zu erkennen. Was hast du gedacht und gefühlt, als du erfuhrst, dass 1919 knapp 10 % der Abgeordneten im neuen Deutschen Reichstag Frauen waren? Leider haben

es die Männer dann doch geschafft, sie von der wirklichen Macht fernzuhalten.

Nur die Frauen, die sich der neuen Lehre, dem Kommunismus verschrieben hatten, versuchten, ihre Ziele geradlinig durchzusetzen.

Du hast es in der Zeitung lesen können, dass Rosa Luxemburg nach einem Putschversuch von der Polizei nicht nur festgenommen, sondern auch von ihren Bewachern erschossen wurde. Man versuchte, die Tatbeteiligung der Regierung zu vertuschen, indem man ihre Leiche in Berlin in den Landwehrkanal warf. Ich weiß nicht, was damals in der Zeitung wirklich veröffentlicht wurde, die ganze Wahrheit war es bestimmt nicht. Heute, nach fast 90 Jahren, ist dieser Fall Geschichte und der Hintergrund bekannt.

Und doch hatten es einige bemerkenswerte Frauen als Abgeordnete in den Reichstag geschafft, wie Clara Zetkin, ebenfalls eine Kommunistin. Auch sie eine kämpferische Frau, die 1932 zusammen mit Heinrich Mann und Albert Einstein in das Weltkommitee gegen den imperialistischen Krieg gewählt wurde. Später war sie sogar Alterspräsidentin des Reichstages. Doch in Deutschland sah man ihr Engagement nicht so gerne. Der Schriftsteller Ludwig Thoma widmete ihr ein Gedicht, in dem er sie als *Zundel* verunglimpfte. Clara Zetkin hatte 1910 bei einem Kongress in Kopenhagen, an dem nur Frauen beteiligt waren, einen internationalen Frauentag vorgeschlagen. Und sicher hast du davon gehört oder in der Zeitung gelesen, Metta, das ein Jahr später, 1911, sich am 19. März mehrere 100 Frauen im Casino Auf den Häfen versammelt hatten, um der Arbeiterführerin Auguste Bosse zuzuhören, die das Wahlrecht für Frauen forderte. Im Anschluss daran zogen viele Frauen noch in einem Demonstrationszug zum Marktplatz, um ihren Forderungen dort Nachdruck zu verleihen.

Und heute Metta, nachdem die deutsche Geschichte durch viele Höhen und Tiefen gegangen ist, haben wir nach einer Bundestags-Präsidentin und etlichen Ministerinnen nun endlich auch eine Frau an der Spitze unseres Staates, eine Bundeskanzlerin.

Zum ersten Mal ist bei der Bildung unserer neuen Regierung sogar eine »Frauenquote« zum Tragen gekommen. Die Hälfte der Ministerposten musste mit Frauen besetzt werden. Und schon kommt die Forderung nach einer »Männerquote« auf.

Du hebst die Brauen, Metta, und runzelst die Stirn? Die Posten sollten nach Begabung und Fähigkeit vergeben werden, meinst du, und nicht nach Geschlecht? Da muss ich dir Recht geben. Das Geschlecht allein sagt noch nichts über die Fähigkeiten einer Person aus. Heute wissen wir, dass ein Mann durchaus ein guter Kindergärtner sein kann und eine Frau eine gute Tischlerin.

Das letzte Jahrzehnt deines Lebens war ein politisch unruhiges Jahrzehnt, die Neuordnung des Landes nach dem Krieg und dem Untergang des Kaiserreichs hinterließ ein Vakuum, das gefüllt werden wollte. Dass Friedrich Ebert erster deutscher Reichspräsident geworden ist – der Mann, der in Bremen als Arbeiterführer und Sozialdemokrat viel Staub aufgewirbelt hatte – wird deine Zustimmung gefunden haben.

Stammtest du doch aus dem Bremer Westen, jenem Stadtgebiet, das vom reinen Bauernland zum Hafen-, Werften- und somit Arbeiterviertel mutiert war. Hier wurde stramm links gewählt, nicht kommunistisch, aber sozialistisch. Das hat auch deine Tochter Beta geprägt. Zeit ihres Lebens hat sie dieser Partei ihre Stimme gegeben, dieses auf Tilla, ihre Tochter, und auf mich, ihre Enkelin übertragen. Heute muss ich sagen, dass wir sogar unsere Ehepartner, wenn auch unbewusst, nach diesen Kriterien ausgewählt haben. Frauen sind also durchaus in der Lage, ihre politische Einstellung an die folgenden Generationen weiterzugeben.

Auch die kurze Zeit der Räterepublik hast du miterlebt, als Arbeiterräte, von den Werftarbeitern unterstützt, im Vakuum der Nachkriegswirren die Rathäuser besetzten – den Mord an dem ersten Außenminister der neuen Republik, Walter Rathenau, zum Glück nicht mehr. Es war nicht nur seine politische Zugehörigkeit, die ihm zum Verhängnis wurde, sondern auch seine jüdische Abstammung.

Die weitere Entwicklung ist dir zum Glück erspart geblieben, Metta. Auch deine Schwägerin, Hermanns Schwester, war mit einem Juden verheiratet. Was aus ihnen geworden ist, darüber wurde in der Familie niemals gesprochen.

Denn es kam eine Zeit, Metta, in der eine nationalsozialistische deutsche Regierung viel Unheil über die ganze Welt gebracht hat. Da war das Zurückdrängen der Frauen in den häuslichen Bereich nur das kleinere Übel. Das Leben von Millionen von Menschen hat diese Regierung auf dem Gewissen, und ich glaube, du wärest stolz gewesen auf deine Tochter Beta, hättest du diese Zeit noch miterleben müssen. Sie hat sich »nur« geweigert, den rechten Arm zu heben und den Hitler-Gruß auszusprechen. »Nur« passiven Widerstand geleistet. Doch in Zeiten von Diktaturen ist selbst dieses schon ein unentschuldbares Vergehen – und bedurfte großen Mutes.

Frauen, das wusste mann spätestens seit der Französischen Revolution, können Revolutionen entfachen. Und so machten weder die Konzentrationslager der Nazis noch die Guillotine vor den Frauen halt. Die Frauen hatten die Unruhen der Französischen Revolution kräftig geschürt, versprachen sie sich doch von der Absetzung des Königs und einer Volksregierung mehr Rechte – immer noch hatte der größte Teil von ihnen keine Schulbildung, dafür aber hart zu arbeiten und wenig zu essen.

Eine ihrer Verfechterinnen, Olympe de Gouges, Schriftstellerin und Frauenrechtlerin, hatte sich zu ihrer Sprecherin gemacht. Sie forderte gleiche Rechte für Männer und Frauen, in allen Bereichen, denn *»die Frau hat das Schafott zu besteigen, gleichermaßen muß ihr das Recht zugestanden werden, die Rednerbühne zu besteigen.«*

Das Revolutionstribunal war der gleichen Meinung, zumindest, was den ersten Teil der Forderung betraf. Im November 1793 durfte Olympe de Gouges das Schafott besteigen.

Ich weiß, du warst eine forsche Frau, Metta, dominant in der Ehe mit Hermann, wie eine Fotografie von euch beiden zeigt. Du, die Stolze, ein wenig Unnahbare, stehst hinter ihm, hast d e i n e Hand auf s e i n e Schulter gelegt. Und er ist es, der vor dir auf dem Stuhl sitzt. Ich kenne viele Ehepaarbildnisse aus deiner Zeit. Dieses ist ungewöhnlich. Ungewöhnlich wegen der Rollenverteilung. Wärest du in einer freigeistigeren Umgebung aufgewachsen, ich denke, du hättest die Kraft und den Willen gehabt, für die Rechte anderer und für deine eigenen selbstbewusst einzutreten. Doch um welchen Preis? Die meisten Frauenrechtlerinnen und Politikerinnen deiner Zeit mussten auf ein geregeltes Privatleben, auf einen Partner und erst recht auf Kinder verzichten.

Du hattest zwei Töchter und deine Eltern und Schwiegereltern mussten sich als erste Generation einer langen Reihe von Landwirten und Kohlhökern damit abfinden, dass es keinen ersehnten Stammhalter gab.

Doch sie waren schön, deine beiden Töchter, auf ihre eigene Weise – Beta, die Stolze, Unnahbare, dir ähnlich und meine Großmutter, und Maria, die Liebliche, Häusliche. Sie lebten in einer Zeit der Rüschen und Biesen, Schößchen und Schleifen, die ihrer Jugend und ihrer Schönheit zusätzlich schmeichelten und sie noch begehrenswerter erscheinen ließen.

Ich glaube, du, die Stolze, bist selbst stolz auf sie gewesen, ich sehe es an deinem Blick auf den Fotografien, die euch gemeinsam zeigen. Beta – du hast sie gekannt, als sie jung war, ich kannte sie, als sie alt war – liebte Hüte über alles, von den köstlichen Wagenrädern mit Blütenarrangements und waffenscheinverdächtigen Hutnadeln bis hin zu den praktischen knitterfreien Herrenhüten, die sie im Alter bevorzugte. 30, 40 mögen im Laufe ihres Lebens zusammengekommen sein. Sie ging gern behütet, ein Hut gibt Ansehen und Größe.

Für Frauen auch Schutz. Vor allem aber durfte die Kopfbedeckung einer Frau nie höher sein als die eines Mannes. Als der Sonnenkönig Ludwig XIV seine Perücken immer höher tuffen ließ, brach eine seiner vielen Mätressen, die Herzogin von Fontange, diese Regel und erfand ein Gestell für die Spitzenhauben, das die Perücke des Sonnenkönigs an Höhe überbot – und nach ihr benannt wurde. Erst zu deiner Zeit, Metta, erreichten die Hüte der Frauen wieder ein ähnliches Niveau. Mit ihrer Größe überragten sie sogar die Zylinder der Männer. Ist es Zufall, dass den Frauen gerade zu dieser Zeit das Wahlrecht zugesprochen wurde? Als sie sich optisch erhöhten?

Du konntest dieser Kopfbedeckung wenig abgewinnen, gingst meistens »oben ohne«. Deine Mutter aber trug seit ihrer Verheiratung eine Haube. Doch nicht eine romantisch-biedermeierliche mit Spitzenblüten, die die Blüten der Jugend ersetzen sollten, sondern eine Haube, die rein praktischen Erwägungen entsprach.

Dabei hatte sie sich als junges Mädchen noch ganz nach der städtischen Mode gekleidet, mit dem weit schwingenden, von einem Reifgestell gehaltenen Rock, der sogar eine große Erleichterung für die Frauen darstellte. Hatten sie doch bis dahin ihre Röcke noch mit Pferdehaar und Strohgeflechten gesteift und dadurch weitaus mehr Gewicht mit sich herumzutragen. Dieses neue käfigartige Gehäuse, Krinoline genannt, machte die vielen Unterröcke und Polster entbehrlich, die sich mindestens auf eine Anzahl von zwölf beliefen, selbst bei einer Köchin oder Bettelfrau.

Die Anzahl der Röcke zeigte den Wohlstand der Familie an, oder besser gesagt, den Wohlstand des Vaters oder des Ehemannes. Die Frauen hatten schwer daran zu tragen. Wie gut, dass deine Familie der Fotografie so aufgeschlossen gegenüber stand, deine Mutter in der Blüte ihrer Jahre einem der ersten Fotografen Modell saß. Es ist die älteste Ablichtung der Familie, die ich besitze, um 1850 aufgenommen und noch ganz dem Biedermeier verpflichtet.

Und nun, Metta, hör genau zu: heute, zu Beginn des 21. Jahrhunderts, können die Frauen, ohne beschimpft und geschnitten zu werden und ohne sich dadurch ihre Heiratschancen zu vermasseln, Hosen tragen. Männerhosen wohlgemerkt, nicht die mit Spitze versehenen Unterhosen. Und sie machen Gebrauch davon. Gewiss, sie sind in deinen Augen nicht feminin. Aber ganz ehrlich, hättest du dieses Kleidungsstück bei der Landarbeit nicht auch den Röcken und Schürzen vorgezogen, die du getragen hast? Ich persönlich gehöre zu den Anhängerinnen dieser Moderichtung.

Weißt du, dass es bereits vor deiner Zeit Frauen gab, die es wagten, die Hosen anzuhaben? George Sand war so eine, die französische Schriftstellerin, und Rosa Bonheur, die große französische Malerin. »Französinnen ...« höre ich dich mit verächtlichem Unterton sagen. Dann kann ich mir auch vorstellen, wie erst die Männer darauf reagiert haben. Diese »Unsitte« muss sich bereits vor deiner Zeit »eingebürgert« haben. Napoleon I. verbot den Frauen offiziell das Tragen von Männerkleidung. Er mochte übrigens überhaupt keine Frauen, die klug waren und selbstständig dachten, wie etwa die berühmte Dichterin Madame de Staël. Er verbannte sie kurzerhand des Landes. Und Rosa Bonheur musste sich zum Tragen von Männerkleidung eine Genehmigung der Pariser Polizei-Präfektur ausstellen lassen. Hätte man dir von dieser Frau erzählt, die bereits 40 Jahre vor dir geboren wurde, du hättest es vermutlich nicht geglaubt. Sie malte Tierbilder und studierte nachts auf den Pariser Schlachthöfen die Anatomie der Tiere. Männer taten dies schon seit dem 16. Jahrhundert – aber Frauen??!! Es hat ihr jedenfalls geholfen, auch wenn du es mir nicht abnehmen wirst. Ihre Bilder erzielten Preise, die du dir nicht einmal im Traum vorstellen kannst.

Es gab auch deutsche Frauen, Metta, die schon früh in die Hose stiegen, wie die hellwache und vorlaute Bettina von Arnim. Sie verkleidete sich als Mignon und becircte so ihr Idol, den großen Goethe. Jener, der so hoch auf seinem Sockel stand, dass du in der Schule bestimmt ein Gedicht von ihm lernen musstest, vielleicht sogar Mignon selbst.

Aber ein Gedicht von der aufmüpfigen Bettina stand bestimmt nicht auf deinem Stundenplan. Das hätte auch nur die Moral und Herzensbildung der heranwachsenden Töchter verdorben. Zudem wagte sie es, sich in die Politik einzumischen und die soziale Ungerechtigkeit anzuprangern. Man warf ihr sogar vor, den Weberaufstand – erinnerst du dich? – initiiert zu haben. Was ihr fast eine Gefängnisstrafe, auf jeden Fall aber ein Schreibverbot einbrachte und Bespitzelung durch den preußischen Staat.

Du möchtest wissen, woher ich das alles weiß? Das ist in meiner Zeit die falsche Frage. Wissen ist inzwischen jederzeit und überall abrufbar. Wichtig ist vielmehr, dass nur abrufbereit ist, was auch für wert befunden wurde, aufgeschrieben zu werden. Und diese Geschichten wurden aufgeschrieben. Nicht, weil diese Frauen besonders klug waren. Das war eine Tatsache, die mann nicht so gerne in Büchern vermerkte. Sondern weil sie mutige Frauen waren, mutig und in besonderem Maße unbequem. Und aus der Rolle fielen. Aus der ihnen zugedachten Rolle.

Ist über dich jemals etwas geschrieben worden, Metta? Vor dem heutigen Tage nicht. Niemand hat sich bisher für dein Schicksal interessiert, ganz besonders nicht die Personen, die Geschichte machten, indem sie sie aufschrieben. Es waren Männer, und es war bisher ihre Geschichte. Doch nun ist es unsere.

Lass uns noch einmal das Bild von Maria betrachten, deiner ältesten Tochter, wie sie, frühlingshaft gekleidet, im weißen Spitzenkleid, dem Fotografen keusch Modell sitzt, ein Buch in der Hand. Schönheit und Geist gehen hier eine Symbiose ein. Vielleicht ist das Bild um 1910 entstanden, Frauen durften noch nicht wählen, waren politisch unmündig. Aber lesen und klug sein war ihnen inzwischen erlaubt. Schließlich – welcher Mann hat schon gerne eine ungebildete Frau im Hause.

Dabei haben Historiker inzwischen nachgewiesen, dass die Kindersterblichkeit in dem Maße abgenommen hat, in dem die Lesefähigkeit der Frauen zunahm. Konnten sie sich doch nun über Hygiene- und Vorbeugungsmaßnahmen selbst informieren.

Deine Großmutter Anna konnte nicht schreiben, nicht einmal ihren Namen. Sie setzte einfach unter ihre Heiratsurkunde drei Kreuze. Du,

Metta, kamst bereits in den Segen der Schulbildung, lerntest lesen und schreiben. Und deine Tochter Marie wiederum darf sich mit einem Buch fotografieren lassen, ohne dass ihre Heiratschancen dadurch sinken. Ungefähr bis zur Mitte deines Jahrhunderts durfte eine Frau sich öffentlich nur mit einem einzigen Buch zeigen – der Bibel.

Ich habe dir von der Schriftstellerin George Sand erzählt und du hast dich sicher gewundert, wieso eine Frau George heißen kann. Das ist eigentlich ganz einfach. Wenn eine Frau schon möglichst wenig lesen sollte, so sollte sie noch weniger schreiben. Aber einige Frauen, die etwas zu sagen hatten, ließen sich auch in deiner Vergangenheit nicht daran hindern. Damit es aber auch veröffentlicht wurde, brauchten sie mehr als nur ein gutes Manuskript. Sie brauchten ein Pseudonym. Sie brauchten mehr als nur ein Pseudonym. Sie brauchten einen Männernamen. Die Liste der Schriftstellerinnen, die sich in deinem Jahrhundert dieser List bedienten, ist lang. George Sand, von der wir bereits sprachen, George Eliot, die in Wirklichkeit Mary-Ann Evans hieß oder die drei Schwestern Brontë, die Charlotte, Emily und Anne hießen, einem englischen Pfarrhaus entstammten und sich Currer, Ellis und Acton Bell nannten.

Die Reihe ließe sich beliebig fortsetzen. Aber ich kann dir die freudige Nachricht bringen, Metta, dass sich die Frau in der Literatur und in der Bildung durchgesetzt hat. Sie vom Wissensfluss abzuschneiden, wäre in unserer heutigen Informationsgesellschaft rein technisch gar nicht mehr möglich.

Bereits zu deiner Zeit war es Frauen, die nicht verheiratet waren, erlaubt, Kinder zu unterrichten. Vorwiegend die Mädchen der ersten Schuljahre. Heute wird eine Frau auch schon mal für eine Professorenstelle vorgeschlagen. Du siehst, Metta, es hat sich viel verändert. Und doch ist alles so geblieben, wie es ist.

Die englische Schriftstellerin Virginia Woolf – sie lebte nach deiner Zeit – hat 1928 geschrieben, jede Frau brauche »ein Zimmer für sich allein« als Grundvoraussetzung für das Schreiben. Du konntest von diesem Zimmer nur träumen, wenn es dir überhaupt im Traum eingefallen wäre. Und nun habe ich, nachdem meine Töchter das Haus verlassen haben, ein Zimmer für mich allein. Sie haben übrigens nicht ihr Elternhaus verlassen, weil sie heiraten wollten, sondern sie taten etwas, was zu deiner Zeit undenkbar gewesen wäre. Sie nahmen sich eine eigene Wohnung, um darin allein oder mit einem Freund zu leben. Du siehst schon, auch »unter den Röcken« herrschte lange »der Muff von tausend Jahren«.

Nun sitze ich in meinem eigenen Zimmer am Computer und schreibe über dich. Wie soll ich dir einen Computer erklären? Du bist in die Zeit der Industrialisierung hineingeboren, hast die ersten Autos erlebt, die ersten Flugzeuge gesehen und von den ersten Telefonen gehört. Inzwischen sind wir in der Technik so weit fortgeschritten, dass wir Raketen auf den Mond schießen können und in jedem Haus mindestens ein Fernsehgerät steht.

Du kannst dich doch sicher noch an die ersten Filme erinnern, Stummfilme, die in großen Sälen aufgeführt wurden und dich staunen machten. Heute steht eine solche Filmleinwand in jeder Wohnung und wir können Tag und Nacht zwischen unzähligen Filmen wählen. Du fragst, wann wir noch arbeiten? Nicht mehr von Sonnenaufgang bis Sonnenuntergang. Und kaum länger als 8 Stunden am Tag. Du siehst, es bleibt genügend Zeit für »Schandudelkram«. Und zum Schreiben. Doch damit ist der Computer immer noch nicht erklärt.

Wir bedienen uns heute lieber der englischen Fremdwörter und nicht, wie zu deiner Zeit, der französischen. Ein »Rendezvous« ist heute ein »date« und eine neue Moderichtung nicht mehr »en vogue« sondern »in«. Und ein »Computer« …? Als Französisch »en vogue« war, gab es ihn noch nicht, und wenn ich dir sage, dass er in Deutsch »Datenverarbeitungsanlage« heißt, hilft das dir nicht weiter und mir auch nicht. Ein Computer lässt sich nicht erklären.

»Ein Zimmer für sich allein« schon eher. Falls du ein solches »für dich« allein hattest, diente es mit Gewissheit der Bügel- und Näharbeit.

Ein wirkliches Zimmer für sich allein hatten nur reiche Frauen. Und so waren auch sie es, die als erste zur Feder griffen.

Die Französin Maria de Gournay – schon wieder diese Französinnen! – erhebt in ihrer Schrift »*Die Beschwerde der Damen*« 1626 Klage gegen den frauenfeindlichen Zeitgeist und die Missachtung intellektueller Frauen. Sie waren vom Studium an den Akademien ausgeschlossen, auf ihr Haus und ihren Salon begrenzt – und rächten sich, indem sie die »Salon-Kultur« bis zur Perfektion betrieben. In ihren musischen und literarischen Salons traf sich alles, was Macht, Intellekt und Rang hatte, und oft wurden hier Fäden gezogen, auch politisch, die von vielen unterschätzt wurden.

Von Napoleon allerdings nicht. Kein Wunder also, dass diese Damen ihm nicht geheuer waren. Das Wort ist eine scharfe Waffe, schon immer gewesen, und die Waffe gab mann nur ungern aus der Hand. Die Frauen waren auch so schon geschwätzig genug. Eine dieser Salon-Damen, Madame de Scudery, veröffentlichte im 17. Jht. galante Romane von oft zehnbändigem Umfang, die »Bestseller« ihrer Zeit wurden. Es war auch das Jahrhundert der Diskussion – darüber, ob der Verstand einer Frau dem eines Mannes tatsächlich gleichberechtigt sei. Du hast nicht daran gezweifelt, Metta, bist du doch mit vier Brüdern aufgewachsen, die deinem Geist weit unterlegen waren. In der Familie hieß es lakonisch, sie seien ein wenig »seltsam« gewesen.

Kein Wunder also, dass auch Moliére, der französische Dichter, dem Trend folgte und eine Komödie schrieb über »Die gelehrte Frau«. Es wurde sehr darüber gelacht. Von wem, muss ich dir wohl nicht genauer erklären. Und selbst 1928, als Virginia Woolf den Anspruch nach einem eigenen Zimmer erhob – oder vielleicht auch gerade deshalb – schrieb der englische Schriftsteller Oscar Browning, die beste Frau sei »*noch dem schlechtesten Mann unterlegen*«.

Ich weiß, Metta, du magst sie nicht, diese gelehrten und reichen Frauen. Sie tragen die Nase zu hoch und schauen auf eine Hökerfrau, wie du eine bist, hochmütig herab. Aber ohne sie wären wir heute nicht dort, wo wir sind, wir Frauen, und würden uns vielleicht immer noch mit der Diskussion herumschlagen, die 1595 nach Veröffentlichung einer anonymen Schrift entbrannte: »*Ob die Weiber Menschen seyn oder nicht*«.

Heute haben die Frauen die Literatur erobert, nicht nur in der Rolle der Effi Briest oder des unglücklich in ihren Herrn verliebten Dienstmädchens, sondern als Autorinnen, und zwar auf allen Gebieten der Literatur. Frauen wie Bettina von Arnim, die neben der Schriftstellerei noch sieben Kinder großzog, oder wie Virginia Woolf, die das weibliche Freiheitsdenken bis zum Exzess trieb, sei Dank dafür.

Es ist ein großer Bogen, den ich geschlagen habe, Metta, vom Bauch der Frau bis zu ihrem Kopf, von deinem Bauch bis zu meinem Kopf, von deinem Kopf bis zu meinem Bauch. Meine Töchter können heute – dem Gesetz nach gleichberechtigt – ihren Beruf wählen und ausüben. In der Lohntüte aber bleibt der kleine Unterschied dann doch bestehen. Sie können – theoretisch – zwischen Karriere und Mutterschaft wählen oder sich für beides entscheiden. Theoretisch. Vielleicht haben sie ja einen Mann, der zu Hause bleibt und die Kinder betreut oder »Time-sharing« macht. Theoretisch. Ich meine damit, dass Mann und Frau jeweils Arbeit und Kindererziehung unter sich aufteilen.

Ich weiß, Metta, bei dir ist es schon ähnlich gelaufen. Aber dein Hermann war ein selbstständig schaffender Kohlhöker und konnte sich seine Arbeitszeit einteilen.

Und er war, das weiß ich aus den Erzählungen meiner Großmutter und Mutter, ein liebevoller Vater und Großvater. Vielleicht gibt es ja auch bald genügend Kindergärten – theoretisch. Schließlich dürfen Mütter und Väter sich, um ihr krankes Kind zu pflegen, auch einige Tage berufsfrei nehmen. Theoretisch.

Vermutlich aber, und ich sehe das praktisch, sind es wir Großmütter, die den Töchtermüttern die Kinder abnehmen werden, damit diese ihren Beruf ausüben können.

Liebe Adeline,

acht Jahre liegen zwischen deinem Tod und meiner Geburt, acht Jahre, die nicht nur für unsere Familie von entscheidender Bedeutung waren, sondern für die ganze Welt. Die Jahre zwischen 1937 und 1945. Du bist in Bremen gestorben, ich bin dort geboren. Und doch trennen uns Welten. Wie soll ich, die ich inzwischen einer Welt angehöre, in der Bequemlichkeit und Sicherheit dominante Werte sind, dein Leben verstehen, nachvollziehen – ein Leben, das von Unsicherheit, harter Arbeit und Lebens- wie Naturkatastrophen geprägt war?

Kürzlich habe ich in vergilbten und verstaubten Dokumenten gewühlt und die Eheverträge deiner Eltern und Schwiegereltern gefunden. »*Die Braut bringt ihrem Bräutigam folgendes zu …*« heißt es da, oder »*Die Braut bringt dem Bräutigam als vorläufige Abfindung …*« Du stammst von einem wohlbestallten Hof, aber aus einem armen Landstrich: dem St. Jürgensland. Einem Randgebiet des Teufelsmoores, das in steter Regelmäßigkeit von verheerenden Überschwemmungen heimgesucht wurde.

Und was brachte eine Braut ihrem Bräutigam mit? Zuerst einmal 200 bis 400 Thaler auf den Braut-Morgen. In reicheren Gegenden waren es 1.000 bis 2.000 Thaler. Dann *ein Pferd und eine Kuh nächst den Besten.**

---

* *Die Ehe- und Altenteilsverträge sowie die Testamente wurden für das St. Jürgensland, aus dem Adeline kam, vor dem Königlichen Amtsgericht Lilienthal, teilweise auch nur Königliches Amt Lilienthal genannt, ausgehandelt und von den dort*

Auch das sehr viel für einen armen Bauern mit vielen Töchtern.

Dazu einen neuen Kleiderschrank aus Eiche, einen neuen Eichentisch und – das gehörte zu jeder gesitteten Frau – einen neuen Weberstuhl. Dann der landesübliche Brautwagen, der wahrscheinlich mit Küchengeschirr, Tisch- und Bettwäsche beladen war – und zu meiner großen Überraschung – eine bestimmte Summe für *Kleidergeld*. Du musst mir meine Unwissenheit verzeihen, Adeline, aber Eheverträge liegen heute nicht mehr im Trend.

So viel musste also eine Braut mitbringen, wenn sie in einen mittleren Hof in einer ärmlichen Region einheiratete. Sie musste bezahlen dafür, dass sie nun die »Herrin« auf diesem Hof wurde, denn die Schwiegereltern zogen sich nach der Hochzeit – ob widerwillig oder nicht – auf das Altenteil zurück. Die Eltern deiner Mutter mussten den Schwiegereltern sogar noch eine Abfindung von 100 Thalern in Gold dafür zahlen. Und deine Mutter Friederike musste sich verpflichten, so sah es der v o r der Hochzeit ausgestellte Kontrakt zwischen dem *»alten Paar«* und dem *»jungen Paar«* vor, den Schwiegereltern eine Magd zu stellen und mit den Altenteilern *»gemeinsam Tisch zu halten.«*

Du bist als Zwei-Monats-Kind zur Welt gekommen. Für die Prüderie der Städter war auf dem Lande kein Platz. Welcher Bauer holte sich schon gerne eine Frau auf den Hof, die ihm später keinen Erben gebären konnte. Da wären ja sämtliche Eheverträge ohne Nutzen gewesen. Die obligatorische Abmahnung durch den Pastor wurde gerne »in Kauf« genommen.

Verantwortlichen sowie den betroffenen Personen unterzeichnet. Das lag wohl daran, dass die Ländereien dem Kloster Lilienthal gehörten und die Bauern sie in Erbpacht hatten, so dass das Kloster bzw. das Amt immer mitbestimmen wollte bzw. musste. »Nächst den Besten« bedeutet, dass zum Beispiel nicht das beste Pferd, sondern das zweit- oder drittbeste eingebracht werden musste.

So eine Hochzeit war also eine knallhart durchkalkulierte Angelegenheit. Da fiel deine Schwiegermutter Trine doch ein wenig aus der Rolle. Aber sie heiratete ja auch, ebenso wie du, in einen weitaus ärmeren Hof ein. Einige Wochen vor der Hochzeit marschierte sie selbstbewusst zum Gericht und ließ den Ehevertrag abändern. Die 50 Thaler Kleidergeld, die sie dem Bräutigam »*zubrachte*«, sollten an sie selber ausgezahlt werden, forderte sie. Das Gericht stimmte der Änderung zu.

Vielleicht gibt es auch von dir einen Ehevertrag, den ich nicht kenne. Wohl aber kenne ich die Geschichte von dem Topf, gefüllt mit Goldstücken, den du mit in die Ehe gebracht hast und im Küchenschrank verwahrtest. Doch im Gegensatz zu deiner Schwiegermutter Trine warst du stets bereit, hineinzugreifen, wenn es um den Hof wieder einmal schlecht bestellt war. Und das war häufiger der Fall, als dir lieb sein konnte.

Wenn ich nach unseren heutigen Maßstäben dein Leben betrachte, dann bin ich sicher, dass ich nicht mit dir hätte tauschen wollen, nicht dieses harte, menschenfeindliche Leben in diesem dunklen, schweren Land hätte leben wollen. Und doch, wieviel Verzweiflung und Mut gehörte dazu, dieses strenge, aber vertraute Dasein gegen das ungewisse, unruhige und fremde Leben in der Stadt einzutauschen, wie du es später tun musstest.

Das Moor, so heißt es, sei »*den Ersten sein Tod, den Zweiten sein Not, den Dritten sein Brot*«. Für euch, obwohl schon seit über zehn Generationen dort, war es die bittere Not. Es gab zu viele Söhne und zu wenig gutes Land. Ich kann mir heute dein Leben nur noch in Bildern vorstellen, in den Bildern von Fritz Mackensen, dem »Gottesdienst im Moor«, oder denen der Paula Becker-Modersohn, die für uns die ernsten, abgearbeiteten und resignierten Gesichter der Menschen festgehalten haben.

Besonders hat sich mir das Bild der trauernden Familie eingeprägt, die Fritz Mackensen um den Sarg des toten Kindes geschart hat.

Hilflos, duldsam, fast schon demütig – die Eltern. Halb hinter dem Rücken des Vaters versteckt, voller Unverständnis für das Geschehen, ängstlich, die Blicke zum Boden gesenkt – die Geschwister. Dir muss ich diese Szene nicht beschreiben, Adeline, du hast sie in deiner Kindheit selbst erlebt, hast nicht nur die Geschwister sterben sehen, sondern auch die Mutter.

Und dann sind da noch die Fotografien von Hans Saebens – die Frau, vor den Torfkahn gespannt, ihn von Land aus ziehend, während der Mann im Boot steht und stakt – oder die zwei Frauen, die den Pflug ziehen, weil die Familie sich kein Pferd und keine Kuh leisten konnte. Sie haben sich eingebrannt in meiner Seele. Diese Frauen waren so arm, dass sie ihrem Bräutigam weder Kuh noch Pferd *nächst den Besten* mitbringen konnten.

Dort, im St. Jürgensland, am Rande des Teufelsmoores, lag der Hof, auf dem du aufgewachsen bist, und jener, in den du eingeheiratet hast. Als du neun Jahre alt warst, starb deine Mutter, drei Kinder zurücklassend, darunter einen Säugling. War sie an den Folgen der letzten Schwangerschaft gestorben oder aus Gram über den Tod ihrer jüngsten Tochter? Spätestens mit diesem Tage hörte deine Kindheit auf, musstest du als älteste Tochter den Geschwistern die Mutter ersetzen, zumindest bis zu dem Tag, an dem die neue Stiefmutter ins Haus kam.

Dein Vater betrieb eine Mühle, eine Gastwirtschaft, einen Kolonialwarenladen und die Landwirtschaft. Ich glaube, meine Phantasie reicht aus, um mir deinen Alltag vorzustellen. Blieb dir Zeit für die Schule? Ließ der Vater dich überhaupt dorthin gehen? Du hättest einen weiten Weg zurücklegen müssen, das kostete Zeit, und im Sommer wurde jede Hand für die Ernte gebraucht. Es ist noch gar nicht so lange her, da sah mann – in bäuerlichen Kreisen ganz besonders – es als überflüssig an, Frauen etwas anderes als Kochen, Nähen und Hauswirtschaft beizubringen. Mehr zu wissen, würde Frauen nur störrisch und unzufrieden mit ihrem Leben machen, fürchtete mann. Und so ganz falsch lag mann damit ja auch nicht.

Doch oft genug sorgte schon die Natur dafür, dass du nicht nur von der Schule, sondern von der ganzen Welt abgeschnitten warst. Die regelmäßig im Herbst auftretenden Hochwasser, die euer Land überschwemmten, die Stürme, die folgten, und mit ihnen die Wellen, die oft bis an die Warften und Häuser schlugen. Da konnten Schule, Kirche und Nachbarschaft nur noch mit dem Boot erreicht werden. Wenn das Wasser bis zum Winter blieb und zufror, konnten nur Schlitten und Schlittschuhe zur Fortbewegung eingesetzt werden. Doch wehe, wenn der Frost schwach war und die Eisdecke nicht ausreichend zufror – oder wenn im Frühjahr nach einem harten Frost das Tauwetter einsetzte! Dann ward ihr oft wochenlang auf eurer Warft einschlossen. Dann war nicht gut sterben und nicht gut Kinder gebären. Denn keine Hebamme, kein Arzt konnte die Höfe erreichen, die Eisschollen machten jegliche Form des Fortkommens und Ankommens unmöglich.

»So hätte ich nicht leben können«, höre ich meine Töchter entsetzt ausrufen. Wir leben heute in einer durch und durch organisierten Welt, musst du wissen, Adeline. Du hast das Telefon noch kennengelernt, auch wenn du nie ein eigenes besessen hast. Heute steht nicht nur ein solcher Apparat in jeder Wohnung, es gibt diese Telefone inzwischen auch in kleiner handlicher Form für die Hosen- oder die Handtasche, zum Mitnehmen und stets bereit.

Unser Kommunikationssystem ist perfekt, und innerhalb kürzester Zeit würde heute ein Hubschrauber kommen und den Kranken oder die Gebärende in ein Krankenhaus bringen. Hattest du jemals einen solchen Traum? Reichte dein Vorstellungsvermögen dafür aus? Deine vier Kinder sind nicht im Winter geboren. Die Hebamme wird also die Warft erreicht haben.

Wir sind heute so perfekt durchorganisiert, Adeline. Und nehmen dabei in Kauf, dass bei einem Stromausfall sämtlicher Verkehr zusammenbricht, denn mit dem Pferdewagen fahren wir schon lange nicht mehr. Auch unsere Lebensmittelvorräte würden vergammeln, und im Winter müssten wir bitterlich frieren, denn einen Ofen oder Kamin haben nur wenige in ihrem Haus eingebaut. Wir sind auf nichts so sehr angewiesen wie auf diesen Strom, der aus der Steckdose kommt und dessen Luxus du in späteren Jahren, als du in Bremen lebtest, kennen- und wohl auch schätzen gelernt hast. Er treibt inzwischen unsere Maschinen an, unsere Computer, unsere Bahnen, unsere Kühlschränke und Tiefkühltruhen, denn Kellerräume zum Lagern von Lebensmittelvorräten werden heute nur noch selten gebaut. Statt eines Ofens haben wir eine elektrische Heizung in der Wohnung, und an einen ausreichenden Vorrat an Kerzen denkt niemand mehr. Doch hin und wieder, wenn dieser Strom tatsächlich ausfällt, geht uns ein Licht auf. Das ebenso schnell aber auch wieder erlischt.

Ich kann den Topf vor mir sehen, in welchem du deine Goldstücke aufbewahrtest und von dem deine Enkel nicht müde wurden zu erzählen. Ich wage nicht zu fragen, was für deinen Mann Götje mehr wert war – du oder das Gold. Für dich aber war das Gold sehr wichtig, denn es gab dir eine gewisse Unabhängigkeit. Es spricht für deinen Mann, dass du selbst über den Einsatz deines Schatzes entscheiden durftest. Und er gab dir eine gewisse Macht, dieser Schatz.

Es gab wenig Frauen zu deiner Zeit und vor deiner Zeit, die eigenes Geld besaßen. Da sie der »Gewalt« der Männer unterstanden, verfügte in der Regel der Vater, der ältere Bruder oder der Ehemann über das Geld und die Mitgift. »*Die Braut bringt dem Bräutigam zu …*« heißt es darum auch in den alten Eheverträgen. Die Männer handelten sie aus. Bei Götjes Großmutter war es nach dem Tod des Vaters der älteste Bruder, der die Entscheidung traf. Nur deine Schwiegermutter Trine hat sich selbstbewusst über die Entscheidungen ihrer Paten, die an die Stelle ihres toten Vaters traten, hinweggesetzt. Frauen wie sie hat es schon immer gegeben, doch sie waren in der Minderheit. Hatten doch die Väter und Ehemänner das Recht und die »Gewalt«, sie zu züchtigen.

»*O schaurig ist's, übers Moor zu gehen, denn es wimmelt vom Heiderauche ...*« Spricht dir der Text aus dem Herzen? Aber schaurig war nicht nur das Moor, schaurig war auch das Leben der Annette von Droste-Hülshoff, jener Dichterin, von der diese Zeilen stammen und die im 20. Jahrhundert in keinem Schullesebuch fehlten. Denn sie konnte ihr »Gold« nicht selbst verwalten wie du, sie bekam es vom Bruder zugeteilt und musste ihn vor jeder Veröffentlichung ihrer Werke um Erlaubnis bitten, oft genug erfolglos.

Denn eine Veröffentlichung ihrer Werke unter ihrem eigenen Namen hätte den »guten« Ruf ihrer Familie beschmutzen können. Als sie dann endlich genügend eigenes Geld hatte und selbst darüber verfügen durfte, hatte sie gerade noch Zeit, sich das »Fürstenhäusle« in Meersburg am Bodensee zu kaufen. Dann starb sie.

Du wirst vielleicht lachen, Adeline, aber im vorletzten Jahrzehnt unseres für die Frauen so bedeutsamen 20. Jahrhunderts ist es einem Justizminister aufgefallen, dass wir noch immer mit einem mittelalterlichen Gesetz belastet sind, das einer Ehefrau nur dann erlaubt, ein eigenes Konto einzurichten, wenn der Ehemann dem zustimmt. Er hat es denn auch schleunigst geändert, das Gesetz. Der Justizminister.

Du weißt nicht, was ein Konto ist? Der Ersatz für deinen Topf. Du bringst deine Goldstücke zu einem Bankhaus, kannst sie jederzeit abholen, wenn du willst, und weißt trotzdem nicht, was die Bank mit deinem Geld macht. Ein Paradoxum. Aber heute bezahlen wir nicht mehr mit Gold, Adeline, sondern mit Papier. Oder – und das ist kein Aprilscherz – mit Plastik. Aber jetzt weiß ich nicht, wie ich dir Plastik erklären soll. Du siehst also, eigentlich ist unser Geld gar nichts mehr wert.

Doch du selbst hast über dein Gold entschieden, niemand kam auf die Idee, es aus dem Küchenschrank zu rauben, und ich denke, du hast die richtigen Entscheidungen getroffen. Du hättest nach Osterholz oder Scharmbeck fahren können (irgend jemand hätte sicher dort zu tun gehabt und dich auf dem Pferdewagen mitgenommen) und es in todschicke Kleider investieren können. Denn wahrscheinlich war es dein Kleidergeld. Doch ich bin fest davon überzeugt, das kam dir gar nicht in den Sinn. Du wähltest die einzig richtige Anlagemöglichkeit – du stecktest das Geld in den Hof.

Vier Kinder hattest du zu versorgen, den Hof dazu, und eines Tages wurde euch klar, dass dieser Hof ein Fass ohne Boden war. Der Familiengeschichte nach musste Götje seine drei Brüder auszahlen, als sie auf den Hof verzichteten, ein Schiff bestiegen und ein Leben in der neuen Welt begannen, einer Welt, von der es hieß, man könne dort schneller zu Geld und Reichtum kommen als in der Heimat. Eurem Hof hat das Geld gefehlt, und auch dein Gold konnte letzten Endes den Konkurs nicht abwenden.

Götjes Brüder hatten es geahnt, alle drei, als sie sich aufmachten in das Land der unbegrenzten Möglichkeiten. Wie so viele junge Leute aus dem Teufelsmoor. Sie verließen dieses unwirtliche, von Katastrophen heimgesuchte Land.

Johann war gerade einmal 15 Jahre alt, als er sich als erster von Götjes Brüdern auf ein Schiff begab, dessen Ziel Amerika war. Martin folgte ihm acht Jahre später im Alter von nur 16 Jahren, und im Jahr deiner Hochzeit mit Götje machte sich auch Hinrich auf den Weg nach New York. Auch er wollte der »Knechtschaft« auf dem Hof seines ältesten Bruders entgehen.

Und die Briefe, die sie aus dem Land »der unbegrenzten Möglichkeiten« nach Hause schickten – und die wochenlang unterwegs waren, bis sie den Empfänger erreichten – müssen vielversprechend geklungen haben.

Denn sonst wären wohl kaum fünf der acht Kinder von Götjes Schwester Adelheid, die einen Malermeister aus Osterholz geheiratet hatte, ihren Spuren gefolgt und hätten sich dauerhaft auf dem fremden Kontinent niedergelassen.

Wie mag sich deine Schwägerin gefühlt haben, Adeline, als sich die Kinder nach und nach von ihr »entfernten«? Habt ihr jemals darüber gesprochen? Als Witwe von 63 Jahren hat dann auch sie sich noch auf die beschwerliche Reise begeben, um einmal ihre Kinder in der »Neuen Welt« zu besuchen. Was hat dieser Besuch mit ihr gemacht, wohl wissend, dass es vielleicht das letzte Mal gewesen sein könnte, dass sie ihre Kinder gesehen hat?

Dir, Adeline, ist zumindest dieses Schicksal erspart geblieben. Deine vier Kinder haben den Weg mit euch gemeinsam nach Bremen angetreten, und sie haben sich hier eine neue Existenz aufgebaut.

Doch die Lücken, die diese jungen Menschen im Teufelsmoor hinterließen, wurden bald wieder gefüllt – durch eine ganz andere Spezie Mensch: durch die Maler, die auf der Flucht vor den Akademien und den Städten, die Natur suchten und die Menschen, die sich über Generationen dieser Natur gestellt hatten. Konntet Ihr das verstehen? Heute wüssten wir ohne diese Maler kaum etwas über euer hartes, entbehrungsreiches Leben.

Aber unter diesen Malern waren auch Frauen. Hast du sie getroffen, die »Malweiber«, wie sie abschätzig genannt wurden, Paula Becker, Clara Westhoff, Hermine Rohte? Was habt ihr gedacht? Na, Künstler, eben? Aber Künstlerinnen???

Bürgerstöchter, denen das gute Benehmen in die Wiege gelegt worden war, die geschwollen und romantisch daherredeten, hübsche Kleider trugen, Klavier spielten und mit dem Pinsel umgehen konnten. Du und deine Tine, ihr konntet mit der Hacke umgehen, mit Schweinen und Kühen, ein Huhn schlachten und eine Gans rupfen. Habt ihr euch aufgeregt, als zwei von ihnen dann auch noch – und das aus purem Übermut – die Glocken der Worpsweder Kirche läuteten? Oder habt ihr nur gleichgültig mit den Schultern gezuckt? Was hatten die schon für eine Ahnung vom wirklichen Leben!

Ich wüsste zu gerne, was du zu den Bildern von Paula gesagt hättest. Hättest du dich in ihren Gestalten wiedererkannt? Die meisten deiner und ihrer Zeitgenossen waren schockiert über ihre radikale Darstellungsweise. Sie enthielt nichts Romantisches. Als Paula 1899 ihre ersten

Bilder in der Bremer Kunsthalle ausstellte, wurden sie von dem Kunstkritiker Arthur Fitger als »*Ekelgeschichte eines rohen Patrons, der einem für lange Zeit den Appetit verschlägt*« verunglimpft. Gewiss hast du nichts davon gehört und gesehen. Und in eurer Zeitung wird es kaum Erwähnung gefunden haben.

Es war durchaus eine gängige Masche, dass Konkurrentinnen von ihren männlichen Kollegen regelrecht beleidigt wurden. Auch 30 Jahre später, Adeline, beschimpfte ein Engländer die französische Pianistin und Komponistin Germain Tailleferre mit den Worten: »*Wenn eine Frau komponiert, so ist das, als ob ein Hund auf den Hinterbeinen läuft.*« Ich bin mir sicher, dass dein Götje, so unhöflich er manchmal sein konnte, dir Beschimpfungen dieser Art erspart hat. Und sei es auch nur, dass dein »Gold« ihm die Zunge gelähmt hat.

Hätte dein Leben eine andere Wende genommen, hättest du ganz andere Forderungen gestellt, wenn du mehr über die Welt außerhalb deines Radius´ erfahren hättest? Haben diese Malerinnen dich überhaupt erreicht? Vielleicht hast du dir Gedanken darüber gemacht, wie sie überhaupt zu diesem »Beruf« kommen konnten.

Etwa ohne Genehmigung des Vaters oder des Ehemannes? Bei Paula war es tatsächlich so. Der Vater war gar nicht einverstanden mit ihrer Wahl, ihr späterer Ehemann Otto Modersohn war da schon toleranter. Schließlich hatten sie sich über die Malerei auch kennengelernt.

Es hat sie schon gegeben, diese toleranten Ehemänner, deren Ehefrauen ihre erworbenen Goldstücke mit gutem Gewissen nach Hause tragen konnten. Und bereits vor Paula hat es auch sie gegeben, die berühmten Malerinnen. Aus dem 16. Jht. wissen wir von der Italienerin Lavinia Fontana, deren Ehemann, der ihr künstlerisch weit unterlegen war, nicht nur die gemeinsamen elf Kinder betreute, sondern auch in ihrer Werkstatt mitarbeitete. Er machte die Rahmungen und malte die Kleider auf ihren Porträts. Und natürlich äußerten sich seine männlichen Kollegen abschätzig, spotteten, er müsse sich als Schneider begnügen, da der Himmel ihn nicht zum Maler bestimmt habe. Selbst heute, in einer Zeit der »Gleichberechtigung« wird ein Mann, der zum »Hausmann« wird, von seinen Geschlechtsgenossen nicht ganz ernst genommen. Denn »Hausmann«, Adeline, bedeutet nicht, wie zu deiner Zeit, dass er einem Hausstand vorsteht, sondern dass er die Hausarbeit einschließlich der Kinderbetreuung übernimmt.

Den meisten Frauen, die den Weg der Malerei gingen, wurde allerdings der Pinsel oft schon in die Wiege gelegt. Und wie bei Lavinia Fontana waren es die Väter, die den Weg der Töchter ebneten, oft in Ermangelung eines nachfolgenden Sohnes, der die Werkstatt übernehmen konnte.

Das ist auch bei euch auf dem Dorfe nicht viel anders gewesen. Gab es keinen Sohn, konnte auch die Tochter zur Hoferbin werden, wenn sie heiratete.

So erhielten die Maler-Töchter schon aus Eigennutz eine erstklassige Ausbildung, und besonders die Renaissance-Malerinnen wie Elisabetta Sirani und Artemisia Gentileschi standen der Kunst ihrer Väter in nichts nach. Doch nicht alle Väter und Ehemänner waren so tolerant wie die von Paula Becker und Lavinia Fontana. Als der Vater von Elisabetta Sirani merkte, dass mit ihrer Malerei schnelles und gutes Geld zu verdienen war, denn Adelige aus ganz Europa suchten ihr Atelier auf, trieb er die Tochter zu immer rasanterem Tempo an. Sie war die reinste Goldgrube für ihn. Mit 27 Jahren starb sie bereits an Magengeschwüren. Vom Vater, so hieß es, sei sie aus Geldgier in den Tod getrieben worden.

Du findest, ich schweife ab, Adeline? Es tut mir Leid, aber mit wem sollte ich sonst darüber sprechen als mit dir, die du als einzige meiner Urgroßmütter weißt, wovon ich rede. Es ist nun einmal mein Lieblingsthema – diese vergessenen Malerinnen, die so wunderbare Bilder hinterlassen haben und dem schönen Schein ebenso verpflichtet waren wie ihre männlichen Kollegen. Sie fanden ihre Käufer, die »schönen« Bilder, denn an ihnen konnte man sich erfreuen, die dunklen Bilder aus dem Teufelsmoor dagegen verunsicherten viele Menschen.

Kein Wunder also, dass einige Malerinnen der vergangenen Jahrhunderte sogar zu Hofmalerinnen an Königs- und Fürstenhöfen aufstiegen, wie Sofonisba Anguissola in Madrid, Rosalba Carriera in Dresden und Élisabeth Vigée-Lebrun in Paris. Doch das Klima änderte sich für die Frauen stets. Konnten sie in Italien bereits die Akademien besuchen und studieren, verwehrte ihnen die Französische Akademie im 18. Jahrhundert erneut den Zutritt. Kein Wunder also, dass während der Französischen Revolution so viele Frauen auf die Barrikaden gegangen sind.

Und auch sonst waren die Männer sehr erfinderisch. Denn die Gemälde aus weiblicher Hand wurden niedriger eingeschätzt als jene der Männer, und so kamen die Kunsthändler auf die Idee, die weiblichen Bilder »aufzuwerten«, indem sie diese männlichen Zeitgenossen zuschrieben. So wurden viele Bilder der niederländischen Malerin Judith Leyster ihrem holländischen Kollegen Franz Hals zugeordnet, viele Plastiken von Camille Claudel ihrem Förderer und Geliebten, dem Bildhauer Auguste Rodin.

Du bist erstaunt, dass wir das heute alles wissen, Adeline? Vielleicht hast du schon damals, als du nach Bremen gezogen warst, von der Frauenbewegung gehört, die für die bequemeren Reformkleider eintrat und die Frauen aus dem »Korsett« befreien wollte. *Blaustrümpfe* wurden diese Frauen oft abwertend genannt. Ich kenne dieses mit Fischgräten stabilisierte Korsett noch von meiner Großmutter, deiner Schwiegertochter Beta. Das Korsett stand für alle Zwänge, die den Frauen in den vergangenen Jahrhunderten auferlegt worden waren.

Bei der Landarbeit müssen diese geschnürten und durch Stangen gehaltenen Corsagen sehr störend gewesen sein. Ich denke, du hast dir die Freiheit genommen, wie viele andere Bauersfrauen auch, und darauf verzichtet. Eine Schnürtaille stand einer Bäuerin nicht gut zu Gesicht.

Heute gibt es die Frauenbewegungen immer noch, und sie haben in den vergangenen 100 Jahren viel erreicht – doch bei weitem nicht alles, was sie sich auf die Fahnen geschrieben haben. Viele sind deshalb frustriert, hatten sie doch an eine schnellere Umsetzung ihrer Ideale geglaubt.

Doch kann man das, was sich in Jahrtausenden »bewährt« hat – aus wessen Sicht auch immer – in nur 100 Jahren auslöschen? Nicht nur die Männer haben sich dagegen gesträubt. Und unsere Töchter sind mit dem Erreichten voll und ganz zufrieden, möchten ihre Weiblichkeit wieder mehr ausleben und finden die Frauenrechtlerinnen meiner Generation nur noch verknöchert. Und – der Frauenbewegung zum Trotz – das Korsett wird von den jungen Frauen in abgewandelter und bequemerer Form gerade wieder neu entdeckt.

Du bist in einer »stabilen« patriarchalischen Welt aufgewachsen, Adeline, und es wäre dir nie in den Kopf gekommen, deinem Leben einen anderen Sinn zu geben als den ihm von Traditionen und Gegebenheiten vorbestimmten. Hattest du wirklich einmal Freizeit, freie Zeit zum Entspannen oder Nachdenken? Dann stand der Webstuhl bereit, an dem sich eine tugendhafte Frau »nützlich« machte und somit gar nicht erst auf »dumme Gedanken« oder Phantasien kam.

Doch diese Welt außerhalb der deinen, zu der auch die Maler und Malerinnen gehörten, die plötzlich in Worpswede einfielen, war von einem stetigen Wechsel geprägt. Wie ein Meer, in dem die Ebbe der Flut und die Flut der Ebbe weicht.

Wurden die Frauen in Frankreich von den Akademien verbannt, passierte in England das genaue Gegenteil. Zu den Gründungsmitgliedern der Royal Academie in London zählten zwei Frauen, darunter die berühmte Malerin Angelika Kauffmann. Leider hatte sie bei der Wahl ihres ersten Ehemannes keine so gute Hand wie bei der Wahl ihrer Auftraggeber. Sie erwählte einen schwedischen Grafen, der leider weder Schwede noch Graf war, noch unverheiratet, und sie zu allem Überfluss auch noch entführte, um von ihrem Vater Geld zu erpressen. Das kommt davon, wirst du jetzt sagen, wenn frau sich anmaßt, den Ehemann selbst zu wählen … die

Väter haben doch ein besseres Auge. Zumindest wird es nicht durch Hormone getrübt.

Ich werde mich hüten, dir zu widersprechen. Seit 100 Jahren wählen wir in romantischer Verklärung unsere Ehepartner selbst aus. Und lange haben wir gedacht, es funktioniert. Doch heutzutage scheint das System zu kippen, fast 40 % aller geschlossenen Ehen werden heute wieder geschieden.

Ich komme noch einmal zu den Malerinnen zurück, Adeline. 100 Jahre nach Angelika Kauffmann beklagte sich Clara Westhoff, die Freundin von Paula Becker, darüber, dass sie in Deutschland als Kunststudentin immer noch keinen Zugang zu den Akademien hatte. Ihre Ausbildung fand an den sog. »Frauen-Akademien« statt, die den Damen nicht nur das Aktmalen verbot (weil sie davon angeblich Potenzstörungen bekamen) , sondern auch eine doppelt so hohe Gebühr forderte als sie die Männer an den Akademien bezahlen mussten.

Doch ich will dich nicht länger mit Kunst belasten. Deine Kunst war die des Überlebens. Ich habe den Hof besucht, auf dem du aufgewachsen bist. Er ist inzwischen mehrmals umgebaut worden, doch die Diele mit den eichenen Schränken, die deine Eltern dort einbauen und mit ihrer Signatur versehen ließen, ist unverändert erhalten. Zwischen den beiden Schrankwänden führt eine breite Treppe in das obere Geschoss und zeugt noch heute von dem früheren Wohlstand deiner Familie.

Als dann die Mühle auf eurem Grundstück bei einem Gewitter 1888 vom Blitz getroffen wurde und abbrannte, war es mit dem Wohlstand vorbei. Dein Vater verfiel dem Alkohol und dein Bruder musste bei einem fremden Müller unterkommen. Doch zu diesem Zeitpunkt standest du bereits einem anderen Hof als »Hausfrau« vor, dessen Niedergang ebenfalls nicht aufzuhalten war.

Ich habe auch den Hof besucht, Adeline, jenen, den ihr aufgeben musstet mitsamt den Jahrhunderte währenden Traditionen. Im Garten steht immer noch der alte Futtertrog – oder war es ein Backtrog? – in dem die Namen deiner Schwiegereltern eingemeißelt sind. Und auch die Hausinschrift über dem Tor ist noch lesbar, die von Zuversicht und Gottvertrauen erzählt und in eben diesem Vertrauen von den Großeltern Götjes nach dem Bau des neuen Hauses dort verewigt wurden.

Und auch der Brunnen existiert noch, aus dem ihr täglich euer Wasser schöpftet.

Ich bin auch im Haus gewesen. Der heutige Besitzer hat es in langer Arbeit aufwändig restauriert und renoviert, und nun sieht es wieder aus wie ein Schmuckstück. Zu deiner Zeit aber gab es noch keine Trennung zwischen eurem Wohnbereich und der Diele, auf der die Kühe, Schweine und Pferde eingestallt waren. Im Winter profitierten alle von der gegenseitigen Wärme, ihr Menschen wohl mehr von den Tieren als die Tiere von euch.

Dieses archaische Leben war es, das die Maler anzog. Sie wollten nicht mehr nur den schönen Schein bedienen, sie wollten die Realität abbilden. Und eure Realität war erdbraun, torfbraun, so dunkel wie der Hintergrund auf den Gemälden der Worpsweder Maler.

Was müsst ihr gefühlt haben, als ihr ihn endgültig verlassen musstet, diesen Hof, der jahrhundertelang Familiengeschichte geschrieben hat? Als ihr die vier Kinder, den Schrank, den Tisch, die Betten, ein paar Töpfe, Löffel und Teller aufgeladen hattet auf den Pferdewagen, der Euch nach Bremen bringen sollte? Als Startkapital das wenige Geld, dass ihr durch die Versteigerung des Hofes bekommen hattet, und deine restlichen Goldstücke in der Tasche?

Haben die Pferde gescheut, als sie der ersten Straßenbahn begegneten und dem ersten Auto? Es waren kaum mehr als 20 km, die die alte Heimat von der neuen trennten. Doch es lagen Welten dazwischen.

Der Weg, der euch in die Stadt führte, war mit Steinen gepflastert. Das geräumige Bauernhaus musstet ihr gegen eine Kellerwohnung eintauschen, den weiten Blick auf die Wiesen gegen die Enge eines Hinterhofes. Dunkel, feucht, muffig, eng war die neue Wohnung, mit einem Fenster, das unterhalb der Straße lag und kaum Licht hereinließ, geschweige denn ein paar Sonnenstrahlen. Hier »haustet« ihr, anders kann ich es kaum nennen, du, dein Mann und die vier Kinder.

Du warst eine mutige Frau, Adeline, aber auch eine besonnene. Das Geld, das ihr für euren Hof bekommen hattet, hast du festgehalten, vermutlich im Topf mit den restlichen Goldstücken verwahrt. Und nach einigen mühseligen Jahren konntet ihr die ungesunde Kellerwohnung, in der die Kinder ständig kränkelten, gegen ein »Bremer Haus« im Arbeiterviertel Utbremen eintauschen. Und ein Milchgeschäft eröffnen. Dein ältester Sohn gründete sogar einen Pferdehandel in der Bremer Neustadt, in den auch seine beiden Brüder bald einstiegen. Mit Milch und mit Pferden kanntet ihr euch aus. Dein Mann und die Söhne fuhren die Milch mit dem Pferdewagen zu den Kunden und du übernahmst mit Tochter Tine den Hausverkauf.

Wir können noch heute von dir lernen, von deiner Zuversicht und deinem Gottvertrauen, und dem Vertrauen, das du in dich selbst gesetzt hast. In den Familienerzählungen kommst du immer besser weg als dein Götje, der als unbequem und stur beschrieben wurde und den Verlust seines Hofes nie überwunden hat. Du warst die Stütze der Familie, der ruhende Pol, und besonders deine Wärme und Herzlichkeit ist überliefert. Du hast euer Hausmädchen auch dann nicht entlassen, als es schwer krank und arbeitsunfähig wurde. Und das in einer Zeit, in der die Dienstmädchen kaum Rechte hatten und oftmals nicht nur der Hausfrau, sondern oft genug auch noch dem Hausherrn »gefällig« sein mussten.

Dein Leben hat mit der Zeit eine bequemere, aber auch unruhigere Note bekommen. Eine Andere bist du dadurch nicht geworden. Der Begegnung mit der ersten Straßenbahn folgte bald jene mit dem ersten Auto. Du hast dich angepasst, wie du es gelernt hattest.

Heute gibt es regelrechte »Auto-Bahnen«, Ampeln an den Straßenkreuzungen, damit die Fußgänger noch eine Chance haben, die Straße zu überqueren, ohne überfahren zu werden. Und hinter jedem zweiten Steuer sitzt heute eine Frau.

Du guckst so erstaunt? Hast du nicht auch hin und wieder die Zügel in der Hand gehabt, den Pferdewagen »gelenkt«, bei Hochwasser das Boot gestakt oder gerudert?

Meine Töchter konnten es kaum erwarten, den Führerschein zu machen, als sie 17 Jahre alt waren. Vielleicht hast du ja noch dieses schicke Autoporträt gesehen, 1925 gemalt und zum Kultbild der Frauenemanzipation avanciert: die mondäne Tamara im grünen Bugatti, eine jener Frauen, exentrisch, mondän, sexy, die in den 1920er Jahren die Welt erobern wollten – und es auch taten.

Sie hätte nicht in den Kreis deiner Kundinnen gepasst, und bei ihrem Anblick wäre dir vermutlich die Milch von der Kelle geschwappt. Du musst sie aber noch kennengelernt haben, diese Frauen der »Wilden Zwanziger«, die Hosen trugen, sich das Haar zum Bubikopf schneiden ließen wie eben diese Malerin Tamara de Lempicka und oft genauso kalt und stahlhart waren wie ihre Autos. Vielleicht hat dich ihr Bild von den Litfass-Säulen angelacht, auf Vamp gestylt, die Frauen des schönen Scheins, wie er im Film seine Auferstehung feierte: Greta Garbo, Lilian Harvey, Marlene Dietrich.

Von Elly Beinhorn hast du sicher gehört und gelesen, die sich nicht mit einem schnellen Auto zufrieden geben wollte, sondern dazu noch eine Flugausbildung machte. 1931 wurde sie über Nacht bekannt, als sie allein in 70 Stunden nach Afrika flog. Es hätte sie fast das Leben gekostet, denn auf dem Rückflug musste sie wegen eines Rohrbruchs in der Wüste landen, 50 km von der nächsten Stadt entfernt.

Doch auch das hat sie nicht abgeschreckt, und Ende des Jahres startete sie zu einer Weltreise, überflog den Himalaya, landete in Kalkutta und Bangkok und erreichte schließlich im Frühjahr 1932 Australien.

Diese Frauen passten nicht in deine Welt, wenn auch deine Tochter und deine Enkelinnen wie alle Frauen ihrer Generation sich bemühten, ihnen nachzueifern. Ein neues Frauenbild war geboren.

Bis dann wieder eine furchtbare Welle Deutschland überschwemmte und die Frauen zurück ins Haus und die Männer auf die Schlachtfelder verbannte. Dem Bubikopf folgte wieder der Gretchenzopf.

Doch nun, nachdem wir die Schwelle zu einer neuen Jahrhundertwende überschritten haben, haben wir die Schrecken der Vergangenheit abgeschüttelt, hoffen wir mit viel Zuversicht und wenig Gottvertrauen, dass sich so furchtbare Dinge nicht wiederholen.

Theoretisch könnten wir Frauen fast jeden Beruf ergreifen. Es gibt heute Ärztinnen, Professorinnen, die an Universitäten unterrichten, Architektinnen, Politikerinnen, die sich ihren Männern und der Gesellschaft gegenüber nicht mehr rechtfertigen müssen für die Wahl ihres Lebensweges.

Doch es ist auch eine neue Diskussion angebrochen über die wirklich wichtigen Werte im Leben. Die Künstlerin Cindy Sherman, die ausschließlich Frauenporträts gestaltet und stets ihr eigenes Model ist, schlüpft in alle Rollen, die einer Frau nur möglich sind: mal schaut sie uns aus dem Porträt als Königin an, mal als Hure, als Heilige, als Karrierefrau, als Mörderin, Putzteufel, Mutter. Cindy Sherman scheint die Antwort für sich noch nicht gefunden zu haben. Und viele andere Frauen auch nicht.

Meinen Töchtern, so glaube ich, geht es vor allem darum, ihren Beruf und ihre Familie unter einen Hut zu bringen und trotz aller Selbstständigkeit und Verantwortung auch noch als Frau wahrgenommen zu werden.

Du siehst, Adeline, wir sind noch immer auf dem Weg und das Ziel bleibt unscharf. Unsere Goldstücke haben sich in Zahlen auf dem Papier und in Plastikkarten verwandelt. Aber diese Plastikkarten gehören uns!

Liebe Lisette,

wie soll ich mich dir nähern? Ich lebe in einer Zeit, in der ein Schicksal wie das deine teils auf Unverständnis, teils auf nachsichtiges Bedauern stößt. Immer wieder habe ich dich betrachtet auf dem Foto, das dich in mütterlicher Pose vor jenem Haus zeigt, das dir für einen wichtigen Teil deines Lebens auch ein Zuhause war. Im Kreise deiner Nachbarinnen stellst du dich dem Fotografen. Zehn Kinder haben sich zum Fototermin eingefunden. Es hätten deine sein können. Doch das »Schicksal« wollte es anders. Acht Kinder hast du an den Tod verloren. Acht Schwangerschaften, acht Geburten, acht Mal Hoffnung schöpfen. Wie lange hielt die Hoffnung an? Ein paar Stunden, einige Tage, Wochen, ein paar Jahre? Und acht Mal die Hoffnung mit dem Kind begraben. Woher hast du den Mut genommen, die Zuversicht? Auf dem Foto sieht es so aus, als lachtest du.

Wie soll ich mich dir nähern, heute, über 100 Jahre später? Heute, wo wir bemüht sind, dem Tod keinen Raum in unserem Leben einzuräumen, den Schmerz möglichst schnell mit Spaß wieder zu bekämpfen?

Ich versuche es auf einem anderen Weg. Sehe dich in dem kleinen engen Häuslingshaus in deiner »Heimat« – so sagte man doch damals, als der Begriff noch mit Patriotismus und nicht mit Scham und schlechtem Gewissen besetzt war wie heute. Ich sehe dich, deine Mutter, deine Schwester Marie, wie ihr das Wenige, das euren Besitz ausmacht, zusammenpackt. Nichts hält euch mehr in diesem dunklen Haus mit den feuchten Lehmfußböden und den von Armut geprägten Erinnerungen. Dein Vater ist gestorben, das kleine Dorf an der Elbe mit dem klangvollen Namen Rosien keine Heimat mehr für euch.

Ich weiß nicht, welchen Weg ihr genommen habt, zu Fuß, mit dem Zug, der Kutsche? Eines aber weiß sich gewiss: Ihr drei Frauen habt euch nicht alleine auf den Weg gemacht. Mindestens einer deiner Brüder wird euch begleitet haben. Es »ziemte« sich nicht, ohne männliche Begleitung zu reisen, unterwegs zu sein. Die Begleitung und Sorge der Männer war Schutz und Kontrolle gleichzeitig. Und du hast sie gern und selbstverständlich angenommen, die »Beschützung«. Es wäre dir kaum in den Sinn gekommen, sie zurückzuweisen.

Es war eine Zeit der steten Wanderschaft, von Ost nach West. Je westlicher das Land, desto reicher war es. Das ist auch heute noch so, Lisette. Wir sprechen von einer westlichen Welt, geprägt von materiellen Werten und orientiert an amerikanischem Denken. Und stellen seine Wertmaßstäbe doch in Frage. Hattet auch ihr dieses Ziel vor Augen? Amerika? Wolltet ihr in Bremerhaven eines der Auswandererschiffe besteigen? Im »gelobten Land« einen Neuanfang wagen?

Es kam jedenfalls anders.

In Bremerhaven lerntest du Karl kennen. Sein Weg aus dem Osten war erheblich länger gewesen als deiner, er kam aus Pommern, direkt vom Baltischen Meer, und er stammte aus einer Fischer- und Seefahrerfamilie. Er war in Bremerhaven also goldrichtig. Und auch du bliebst. Seinetwegen.

Eine Frau, die im 19. Jh. bereit war zu reisen, war eine Ausnahmefrau. Sie setzte sich über alle Konventionen hinweg, stellte sich dem Fremden, Neuen und Unbekannten und eröffnete sich neue Horizonte, gab aber auch den Schutz der Heimat und die Fürsorge der Väter und Brüder auf. Auch wenn ihr diesen Weg nicht ganz aus den Augen verloren hattet – nach den Geburten der Kinder blieb er nur noch ein Traum. Ein Neuanfang in Amerika mit einer Schar Kinder, das wäre zu belastend gewesen. Wie Kinder überhaupt eine Last auf den damals unbequemen Reisewegen waren. Auf dem Schiff hättet ihr im billigen Zwischendeck Platz bekommen, mit Hunderten von Gleichgesinnten auf engstem Raum zusammengedrängt. Oft bei unruhiger See, und frische Luft gab es nur a u f dem Deck, eine Stunde am Tag. Dafür schlimmste hygienische Verhältnisse und die damit verbundenen, meist ansteckenden Krankheiten u n t e r Deck.

Heute, Lisette, steigen wir in ein Flugzeug – nicht in ein so schwerfälliges, langsames Luftschiff wie das des Grafen Zeppelin, sondern in einen Düsenjet. Und in sieben Stunden sind wir in Amerika. Mit dem Schiff hättet ihr drei Wochen oder länger gebraucht. Wir leben heute sehr schnell, Lisette, so schnell, dass wir aus Amerika bereits wieder zurück sind, bevor ihr dort überhaupt angekommen wäret. Und in der Zwischenzeit haben wir das halbe Land bereist und besichtigt.

Die Auswanderung – diesen endgültigen Weg wählten zu deiner Zeit nur die Verzweifelten und Abenteuerlustigen. Denn solche Anstrengungen mochte man dem »schwachen Geschlecht« – aber du weißt ja am besten, dass wir das nicht sind, Lisette – nur ungern zumuten. Um uns Frauen vom Reisen abzuhalten, musste uns das »starke Geschlecht« unter seinen Schutz nehmen. Und so waren es vor deiner Zeit nur die mutigen Ausnahmefrauen, die sich dem oft unkalkulierbaren Abenteuer einer Reise aussetzten.

Vielleicht hast du von Ida Pfeiffer gehört, einer »besonnenen Hausfrau« und »vernünftigen, liebenden Mutter«, die der Hafer stach, kaum waren ihre Kinder groß. Sie war mit sechs Brüdern aufgewachsen, und nun packte sie der Sports- und Abenteuergeist ihrer Kindheit wieder. Der Bequemlichkeit halber trug sie unter ihrem Reisekleid Hosen – oder war es der Sittlichkeit wegen? Und so machte sie sich 1846 auf den Weg durch Südamerika, den Orient, China, Indien, die Türkei und Griechenland, Kalifornien, überquerte sogar die Anden und reiste von Kanada nach New York. Überall studierte sie die Lebensbedingungen der Frauen, fand ihr Verhalten im Frauenbad in Bagdad ebenso skandalös und sittenlos wie auf Tahiti – und schrieb ein Buch darüber. Sie tat also genau das, was auch meine Schwiegermutter getan hat, allerdings mit weitaus mehr Komfort – vom Buch einmal abgesehen. Und erhielt vom König von Frankreich eine Medaille verliehen, Ida Pfeiffer. Dann starb sie allerdings an der Malaria.

Du musstest nicht in die Welt hinaus gehen, Lisette. In Bremerhaven geblieben, kam die große weite Welt zu dir. Dein Karl war Seemann, arbeitete im Hafen, auch deine Schwester Marie war mit einem Seebären verheiratet und führte eine kleine Seemannspension. Die Geschichten, die du zu Ohren bekamst, waren vermutlich noch viel phantastischer gesponnen als jene der Ida Pfeiffer. Oder die der Maria Sibylla Merian. Die ebenfalls an Malaria starb. Reisen war nun einmal ein Risiko.

Hast du den Seeleuten geglaubt, wenn sie von den Gebräuchen fremder Länder erzählten? Dass Frauen in Indien so gut wie wertlos waren und oft von den Schwiegermüttern mit Benzin übergossen und angezündet wurden, wenn ihre Mitgift nicht hoch genug war? Dass ägyptische Frauen ihre eigenen Töchter durch die Beschneidung verstümmelten? Ich kann mir gut vorstellen, dass du diese Geschichten, aus dem Munde von Seeleuten, als »Seemannsgarn« abgetan hast. Klingen sie für unsere westliche, aufgeklärte Welt doch ungeheuerlich. Auch ich habe sie lange verdrängt, konnte und wollte so viel Brutalität unter Frauen nicht verstehen. Fest steht auch heute noch, dass eine Frau in Afrika, im Orient oder in Indien ihre Position nur dann festigen kann, wenn sie einen Sohn gebärt. Und diese »Diskriminierung« der Töchter und deren Mütter wird auch von den Frauen gefördert. Neigen wir Frauen dazu, uns für erfahrenes Leid an den Töchtern schadlos zu halten?

Ganz andere Erfahrungen machte Maria Sybilla Merian, die schon lange vor Ida Pfeiffer mit ihrer erwachsenen Tochter nach Surinam aufgebrochen war, um die dortige Pflanzenwelt zu studieren. Sie war Malerin und Insektenforscherin, und bereits kurz nach der Ankunft legte sie sich mit den dortigen Pflanzern an, die eine Pflanze züchteten, deren Samen von den eingeborenen Frauen benutzt wurde, um Fehlgeburten herbeizuführen. Ihre Kinder sollten nicht, wie sie, zu Sklaven der niederländischen Kolonialherren werden. Die Macht der Frauen?

Wobei wir wieder bei den Kindern wären, Lisette. Bei deinen und bei meinen. Ich weiß, die Frage brennt dir auf der Zunge, wie viele ich denn habe? Zwei. Es tut dir Leid, höre ich dich sagen. Auch wenn dir acht gestorben sind, haben doch noch sechs überlebt. Ist mein Mitleid für dich vielleicht auch überflüssig, haben die sechs überlebenden Kinder dir die Kraft gegeben, den Tod der anderen zu ertragen?

14 Kinder hast du geboren, das erste mit 21 Jahren. Es lässt sich unschwer nachrechnen, dass die Wechseljahre diesem Segen ein Ende bereitet haben. Und ich glaube, du hast sie als Segen empfunden, deine Kinder, hast kein Verständnis für Frauen gehabt, die sich zweifelhafte »Samen« besorgten, um Fehlgeburten herbeizuführen.

Ich habe die Geburtsdaten deiner ersten neun Kinder vorliegen. Das erste Kind, mein Großvater, drei Monate nach der Hochzeit geboren, im Jahr 1886. Dann geht es anfangs im Zwei-Jahres-Rhythmus weiter, später im Jahres-Rhythmus. Die ersten fünf Kinder kamen im November oder Dezember zur Welt. Das hing wohl mit den Seefahrten deines Karl Friedrich zusammen. Es ist schwerlich auszurechnen, wann er den heimatlichen Hafen angelaufen hat.

Doch auch ich brauche dir nicht Leid zu tun. Mit meinen zwei Kindern liege ich durchaus im Trend unserer Zeit, in der *»bundesweiten Norm«*. Du warst kein Durchschnitt, Lisette, aber ich bin es. Und meine Töchter auch. Denn heute kriegen die Frauen die Kinder nicht mehr mit dem Bauch, sondern mit dem Kopf. *Kopfgeburten* hat der Schriftsteller Günter Grass das genannt. Unsere Kinder werden »geplant«, nicht dank zweifelhafter »Samen«, sondern dank einem medizinischen Wunder, dass sich – ganz simpel – *die Pille* nennt. Heute bekommt frau kein Ehrenkreuz mehr verliehen, wenn sie mehr als 7 Kinder geboren hat, viel eher fällt sie unter die Sozialhilfe. Das ist eine andere Formulierung für Armut.

Ich mag mir nicht ausmalen, wie die Nazis getobt hätten, hätten die Frauen vor 60, 70 Jahren schon verhüten können – sich hüten können vor ungewolltem Leben, das als Kanonenfutter gedacht war und zur

Erhaltung der »Rasse« dienen sollte. Diese kleine Pille, so stelle ich mir vor – die die Frauen sich natürlich heimlich hätten besorgen müssen, denn offiziell wäre sie von den Nazis verboten worden – hätte der Geschichte vielleicht eine ganz andere Wende gegeben.

Heute glauben viele, die Weltgeschichte wäre friedlicher verlaufen, hätten sie, die Frauen, an den Schalthebeln der Macht gesessen. Besonders die Frauen selbst glauben dies. Ich wünschte, ich könnte das ebenfalls. Wäre da nicht die Königin-Mutter Katharina de Medici gewesen, die die Hochzeitsfeier ihrer Tochter zur berüchtigten *Pariser Bluthochzeit* werden ließ, als sie im nächtlichen Schatten des Festes 2.000 Hugenotten ermorden ließ. Oder die englische Königin Elisabeth I., die sich nicht scheute, ihre Gegnerin Maria Stuart ihres hübschen Kopfes zu berauben. Oder Katharina die Große, die ihren Ehemann Zar Peter wegen Unfähigkeit vom Thron stürzte – rein zufällig starb er dann auch noch kurze Zeit später.

Ganz friedlich sind unsere Eingriffe in die große Weltpolitik also auch nicht ausgegangen. Und die einzige »Heldin«, die man uns im Schulunterricht zugestanden hat, Jeanne d´Árc , die »Jungfrau von Orleans«, war durchaus bereit, ihre hehren Ziele mit dem Schwert durchzusetzen. Auch wir Frauen, Lisette, können nicht nur Leben schenken und schützen, manchmal tragen auch wir *den Dolch im Gewande.*

Ich werfe wieder einen Blick auf das Foto, das dich inmitten der Schar deiner Nachbarskinder zeigt. Du hast dich wohl gefühlt im Kreise einer großen Familie. Ich muss wohl nicht fragen, ob du neben dem Haushaltsgeld auch noch Geld für dich selbst übrig hattest. Mit Sicherheit nicht. Und mit ebensolcher Sicherheit hättest du es nicht für dich eingefordert. »*Eine Frau braucht 500 Pfund im Jahr und ein Zimmer für sich allein*«. Das hat 1929 die englische Schriftstellerin Virginia Woolf geschrieben. Ich vermute, du hättest gar nicht gewusst, was du mit einer solchen Summe Geldes für dich allein machen solltest – und es wahrscheinlich in Kleidung für die Kinder investiert.

Von Virginia Woolf stammt auch der Satz: »*Die intellektuelle Freiheit hängt ab von den materiellen Dingen.*« Und dieser Satz passt gut, Lisette, um dir zu erklären, warum wir seit der zweiten Hälfte unseres gemeinsamen Jahrhunderts »Familienplanung« betreiben. Wir Frauen möchten neben der Erziehung unserer Kinder noch Zeit und Raum haben, andere Lebenspläne zu verwirklichen, sei es, einen Beruf auszuüben oder uns in sozialer, künstlerischer oder politischer Weise zu engagieren. Du hast noch die ersten Politikerinnen erlebt. Ob du sie auch geschätzt hast, weiß ich nicht. Doch sie hatten nur die Wahl zwischen Karriere o d e r Kindern. Inzwischen gibt es auch Professorinnen an den Universitäten, viel zu wenige noch, Bischöfinnen, was du mir vielleicht gar nicht abnehmen wirst, oder Geschäftsfrauen. Und irgendwie schaffen sie, aber oft auch nur irgendwie, den Spagat zwischen den drei modernen Ks, *Kinder, Küche und Karriere.*

Wie meine Töchter, die immer, wenn ihr jüngstes Kind drei Jahre alt geworden war, ihren Beruf wieder aufgenommen haben. In dieses »irgendwie organisieren« werden auch die Großmütter mit einbezogen. Hier ist die positive Kraft der Mutter gefragt. Und doch befinden wir uns heute in einer Lage, die eher einem Kreisverkehr gleicht als einer Autobahn mit festem Ziel. Geht die Mutter einem Beruf nach, kann sie nicht die Kinder der Tochter betreuen. Geht die Tochter einem Beruf nach, ist sie auf eine Mutter angewiesen, die ihre beruflichen Ambitionen an den Nagel hängen muss.

Über solche Probleme kannst du nur lachen, Lisette. Deine Probleme waren viel tiefgreifender, unsere dagegen, so höre ich dich sagen, seien hausgemacht.

Zwei deiner Töchter und vier deiner Söhne haben nach damaliger Sprachregelung »das Erwachsenenalter erreicht«. Deine Töchter sind für mich von besonderer Bedeutung, Anna und Margarete, haben sie doch für meinen Vornamen Patin gestanden, ohne dass ich sie jemals kennen gelernt hätte, überhaupt von ihrer Existenz gewusst habe.

Deine Anna jedenfalls hat es, wenn auch nur als Dienstmädchen, bis in das Haus des Direktors der Unterweser-Werft geschafft.

Sie gehörte der ersten Generation der Frauen an, die einen Beruf erlernen durften, wenn auch einen, der dem Mann keine Konkurrenz, sondern nur Zufriedenheit brachte. Und sie musste ihres Berufes wegen ihre Geburtsstadt nicht verlassen. Wie etwa deine spätere Schwiegertochter Sina, die 60 km von ihrem Elternhaus entfernt in Stellung ging, natürlich immer unter dem Schutz der älteren Schwester und deren Ehemann.

Doch auch 100 Jahre vor ihnen gab es schon Frauen, die von Berufs wegen reisen mussten. Sie standen nicht unbedingt im besten Ruf, obwohl ihnen oft keine andere Möglichkeit blieb. Wie zum Beispiel den beiden Schwestern Caroline und Wilhelmine Bardua, die eine Malerin, die andere Musikerin. Caroline hat sie beide, romantisch verklärt, auf der Wanderschaft gemalt.

Romantisch aber war die Wanderschaft ganz und gar nicht, eher unbequem und teuer. Aber um Aufträge zu bekommen – Caroline hat fast die gesamte geistige Elite des 19. Jhs. porträtiert, Wilhelmine Konzerte gegeben – mussten sie ihre Künste vor Ort anbieten. Die Reisetätigkeit erschwerte die Berufsausübung erheblich, doch eine Frau, die selbstständig leben und arbeiten wollte, hatte keine andere Wahl als die der Mobilität. Oft waren es Schwestern oder Freundinnen, die diesen Lebensstil wählten. Nur gemeinsam konnten sie alleine unterwegs sein oder sich eine Wohnung ohne männlichen Schutz teilen – und gelegentlich teilten sie wohl auch das Bett. In dieser Beziehung, glaube ich fast, ist dein Jahrhundert toleranter gewesen als meines.

Du hast den Übergang von der bäuerlichen Gesellschaft in die Industriegesellschaft miterlebt, Lisette, ich erlebe heute den Übergang zur Informationsgesellschaft. Telefon, Fernseher und der Computer bestimmen inzwischen in einem so ausschließlichen Maße unser Leben, dass viele glauben, ohne diese »Segnungen« wäre Kommunikation gar nicht mehr möglich.

Und es ist auch für uns heute noch schwer vorstellbar, dass bereits vor über 100 Jahren eine Frau den »Grundstein« für die Entwicklung des Computers gelegt hat. Augusta Ada Countess of Lovelace hieß sie, war Engländerin und Tochter des berühmten und doch recht windigen Dichters Lord Byron. Doch ihre Förderung erhielt sie nicht vom Vater, sondern von der mathematisch begabten Mutter. Die unterrichtete ihre Tochter schon früh in Mathematik, Astronomie und Latein, alles Fächer, die in der Schule den Jungen vorbehalten waren. Und schon früh entwarf Ada Konstruktionspläne für Maschinen, darunter die Programme für die von dem Mathematiker Charles Babbage konzipierten ersten Rechenmaschinen. 1975, nach der Entwicklung der ersten universellen Computersprache in Amerika bekam diese den Namen ADA.

Wie lange haben mann – und vermutlich auch frau – geglaubt, dass die Naturwissenschaften eine rein männliche Domäne seien. Auch Sibylla Maria Merian hatte unter dieser gesellschaftlichen Fehleinschätzung zu leiden. Sie wurde diskriminiert, weil sie in ihrem Haus Raupen zur wissenschaftlichen Forschung züchtete. Die Nürnberger Pratizierschaft akzeptierte sie als Malerin, weil sie sich an das weibliche Genre des Blumenbildes hielt. Als ihre Raupenzüchtungen bekannt wurden, meldeten die honorigen Nürnberger Bürger ihre Töchter aus der Malschule der Merian schleunigst wieder ab.

Die »Wissenschaft« behielten die Männer gern unter ihrer Kontrolle. Das bekam auch die hochbegabte Sprachwissenschaftlerin Anna Maria Schurmann zu spüren, die zehn Sprachen fließend lesen und schreiben konnte. Als sie um 1630 endlich die Erlaubnis erhielt, an der Universität Leiden zu studieren, durfte sie den Vorlesungen nur hinter einem Vorhang versteckt lauschen. Die Männer würden, so hieß es, bei ihrem Anblick abgelenkt. Immanuel Kant hat dieses männliche Unbehagen in Worte gefasst: für einen Gelehrten sei eine gelehrte Frau ein schlechtes Glück, weil es ihr bisweilen einfiele, mit dem Manne zu konkurrieren.

Darüber waren sich die Männer auch vor 200 Jahren noch einig, als Caroline Herschel zusammen mit ihrem Bruder Wilhelm unzählige neue Kometen entdeckte. Lange stand sie im Schatten ihres Bruders, überließ ihm ihre Entdeckungen. Ihre männlichen Kollegen verspotteten sie als Kometenjägerin und in einem zeitgemäßen Buch über »*Die wahre Pflicht der Frauen*« hieß es: »*Es ist nicht Sache der Frauen, die dunklen Quellen der Wissenschaft zu erforschen und die Sternenhaufen zu zählen.*« Doch nach dem Tod des Bruders konnte sie aus seinem Schatten heraustreten und die Früchte ihrer Forschung ernten. Die *Royal Astronomical Society of London* sprach ihr die Goldmedaille zu.

Ich weiß, du langweilst dich, Lisette, kannst ein Gähnen nur mühsam unterdrücken. Diese Frauen sind dir zu abgehoben, nicht von deiner Welt, und du würdest den Männern gerne zustimmen. Vom Studieren und Kometenjagen kriegt frau die hungrigen Mäuler ihrer Kinder nicht satt. Heute schon! Viele Frauen verdienen ihr Geld inzwischen in der Wissenschaft. Oft allerdings müssen sie ihr Frau-Sein verleugnen, um in der Dömäne der Männerwelt Fuß zu fassen.

Die Physikerin Lise Meitner, fast eine Zeitgenossin von dir, hat das Konkurrenzverhalten der Männer noch am eigenen Leib erfahren müssen. Gemeinsam mit Otto Hahn hat sie in der Atomforschung gearbeitet, gemeinsam mit ihm den radioaktiven Rückstoß entdeckt. Du hast mit Sicherheit nichts von ihr gehört, und auch zu meiner Schulzeit kannte sie kaum jemand. Otto Hahn dagegen war regelmäßig in der Tagespresse präsent, und auch in unsere Schulbücher fand er Eingang. Selbst heute wundere ich mich noch, dass der Nobelpreis für Physik fast ausschließlich an Männer vergeben wird.

Ausnahmen bestätigen natürlich auch hier die Regel, wie das Beispiel der Physikerin Marie Curie und ihrer Tochter zeigt. Zusammen mit ihrem Mann Pierre Curie hatte sie die radioaktiven Elemente Radium und Polonium entdeckt und zusammen wurde ihnen 1903 der Nobelpreis für Physik zugesprochen. Nach dem Tod ihres Mannes wurde

Marie Curie 1911 auch der Nobelpreis für Chemie verliehen. Auch ihre Tochter Irene erhielt später, gemeinsam mit ihrem Ehemann, den Nobelpreis für Chemie. Doch sie alle waren Ausnahmefrauen.

Wie ausgefallen der Weg der Lise Meitner war, zeigt, dass zu ihrer und zu deiner Schulzeit, Lisette, Physik keinesfalls auf dem Stundenplan einer Mädchenschule stand. Doch ihr Beispiel mag dazu geführt haben, dass naturwissenschaftliche Fächer sich den Platz auf den Stundenplänen der Mädchen erobert haben.

Heute erinnert man sich wieder an sie und die anderen erfolgreichen Frauen. Seit einigen Jahren trägt die Schule in unserem Ort, die auch meine Töchter besucht haben und in denen heute meine Enkel unterrichtet werden, den Namen *Lise-Meitner-Schule.*

Ich sehe ein anderes Bild vor mir, wieder eine Fotografie, aufgenommen vor 1940. Du bist bereits 70 Jahre alt und sitzt mit Hunderten anderer Frauen in einer großen Halle, an langen Tischen aufgereiht: schwarze Kleider, schwarze Mäntel, schwarze Hüte, graue Gesichter. Keine der Frauen lacht. Zwischen ihnen braun gekleidete Männer in hohen schwarzen Stiefeln. Eine todernste Angelegenheit, die da auf euch wartet, und kaum eine scheint sich über die ihr zuteil werdende Ehre zu freuen: die Verleihung des Mutterkreuzes.

Alle habt ihr dem »Führer« Söhne und Töchter »geschenkt«, unfreiwillig, denn die meisten von euch hätten ihren Kindern, denen sie das Leben geschenkt haben, dieses so wertvolle Gut auch liebend gerne erhalten. Nicht genug, dass du acht Kinder hast sterben sehen. Dein ältester Sohn, glücklich die Kindheit überlebt, wurde vom ersten großen Krieg gefressen. Er hatte gerade noch genügend Zeit, einen Sohn, meinen Vater, zu zeugen, bevor er starb. Noch weißt du nicht, dass auch dieser »Kanonenfutter« für den zweiten großen Krieg werden sollte. Ich möchte nicht fragen, welche widerstreitenden Gefühle diese Ehrenverleihung in den Frauen wachgerufen hat. Waren sie stolz, ihre Kinder dem »Vaterland« zu opfern? Haben sie mit sich gehadert, diese Söhne nun dem Krieg und dem »Führer« zu »schenken?«

Wie du hat die Künstlerin Käthe Kollwitz einen ihrer Söhne im ersten Krieg verloren. Wie dein Hermann ist er nicht aus Belgien zurückgekehrt. Sie hat diesen Schmerz nie verarbeitet, hat ihr ganzes soziales und künstlerisches Gewissen eingesetzt, damit so etwas nicht noch einmal passieren sollte. Und wie du hat sie dann auch noch einen ihrer Enkel an den zweiten Krieg verlieren müssen.

18 Jahre war ihr Sohn alt als er »fiel«, wie es so verharmlosend heißt. Dein Hermann, mein Großvater, war zumindest schon 30 Jahre alt, hatte gerade noch Zeit gehabt, eine Familie zu gründen, die ab sofort ohne ihn auskommen musste. Käthe Kollwitz hat Konsequenzen aus dieser Situation gezogen und sich einer Abtreibungskampagne angeschlossen. Sie wollte zusammen mit vielen anderen Frauen 1920 erreichen, dass nie wieder Kinder in Krieg und Armut hineingeboren werden. Du weißt, dass diese Kampagne erfolglos geblieben ist. Vor einigen Jahren hat der Vatikan die Einstellung der Katholischen Kirche gegen Pille und Schwangerschaftsabbruch bestätigt. Beschlossen von Männern, unverheirateten dazu. Eine Frau wurde nicht gefragt.

Was mag dir durch den Kopf gegangen sein, als du mit den unzähligen Frauen in dieser großen unfreundlichen Halle saßst? Noch nicht wissend, dass es auch deinen Enkel Hermann, meinen Vater, im zweiten Krieg ebenso treffen sollte wie den Enkel der Käthe Kollwitz. Und auch dein Enkel, Lisette, hatte gerade noch Zeit, eine Familie zu gründen – die fortan ohne ihn auskommen musste.

Ich frage mich, was können wir Frauen tun, dass solche Zeiten nicht wiederkommen. Sollen wir es so machen wie die Hetäre Megara in ihrer berühmten Rede an Lysistrate und die Frauen von Athen, in der sie ihnen empfiehlt, ihren Männern so lange das eheliche Lager zu verweigern, bis sie den Gedanken an den Krieg aufgegeben haben? Oder so, wie Erich Kästner es in einem Gedicht empfiehlt: die Politiker und die Waffenproduzenten windelweich schlagen? Beide Planspiele sind bekanntlich gescheitert.

Wenn ich die Geschichte betrachte, frage ich mich immer wieder: Welches Wissen haben Frauen an Frauen weiter gegeben? Ganz archaisch sagt man uns nach, wir würden Leben schenken und Leben erhalten. Das, so zeigen uns viele Beispiele, wie etwa das der Katharina von Medici, stimmt so nicht. Oder jenes der Königin Christine von Schweden, der man zwar die Friedensverhandlungen nach dem 30-jährigen Krieg hoch anrechnet, die aber keine Skrupel hatte, ihren Soldaten zu empfehlen, ihren Sold durch Plünderungen im Feindesland aufzubessern. Wir Frauen als die bessere Hälfte, als die uns die Männer so gerne bezeichnen?

Doch auch das ist aus dem Bauch gedacht. Welches Kopf-Wissen aber haben wir Frauen unseren Töchtern überliefert? Das der Männer oder das der Frauen? Wer hat die gesellschaftlichen Regeln aufgestellt, nach denen Frauen und Männer zu leben hatten – und auch heute noch zu leben haben? Und in wie weit haben Frauen die Einhaltung dieser Regeln überwacht und durchgesetzt? Kannst du dich erinnern, Lisette, welche Gespräche du mit deinen Töchtern geführt hast? Wie hast du ihnen die beiden Kriege erklärt, die du miterlebt hast?

Dieser schreckliche Zweite Weltkrieg hat unter anderem bei uns in Deutschland zu einem Umdenken geführt. Er hat unser Land geöffnet für neue Einflüsse, für neues Denken und für den Wandel unseres gesellschaftlichen Systems.

Heute streitet man sich – nein, das ist falsch – heute streitet frau sich darüber, ob sie nun das schwache oder starke Geschlecht ist.

Ich weiß, dass du jetzt lächelnd den Kopf schüttelst. Du warst stark, auch wenn du so klug warst, es nie laut zu sagen oder deinem Mann zu zeigen. Vierzehn Kinder zu gebären, acht davon sterben zu sehen, das erfordert ein Maß an Stärke, das wir uns heute kaum vorstellen können. Im Krieg waren es die Frauen, die das Überleben sicherten. Sie waren es, die die Trümmer nach den Bombennächten zusammenräumten, die Straßenbahnen fuhren, um Lebensmittel anstanden, diese vielen »Mütter Courage«, die den Karren wieder aus dem Dreck zogen.

Als dann die Männer, die den Krieg überlebt hatten, zurückkamen, beanspruchten sie wieder die Schalthebel der Straßenbahnen. Um Lebensmittel anstehen aber durften die Frauen weiterhin. Und weil dein Enkel, Lisette, nicht aus dem Krieg zurückkam, ging meine Mutter bei Nacht und Nebel Kohlen klauen, ein Volkssport damals und bei Todesstrafe verboten. Damit ich, ein Säugling, es warm hatte, damals, in diesen fürchterlich kalten Nachkriegswintern.

Sechzig Jahre sind inzwischen vergangen, Lisette. Auch meine Töchter möchten ihre eigenen Wege gehen. Aber sind es wirklich ihre eigenen? Haben sich unsere Fußstapfen nicht schon zu stark eingeprägt im Boden der Geschichte?

Liebe Sophie,

um dich zu erreichen, bediene ich mich eines Mediums deiner Zeit: des Briefeschreibens. Dass ich – am Beginn des 21. Jahrhunderts oder 3. Jahrtausends – noch die Kunst des Briefeschreibens pflege, hebt mich von den meisten meiner Zeitgenossinnen und -genossen ab. Heute nehmen wir uns nur noch selten die Ruhe für eine handgeschriebene Nachricht. Nicht, dass wir weniger Zeit hätten als du, Sophie, keineswegs – doch wir haben inzwischen schnellere und unpersönlichere Möglichkeiten der Kommunikation entwickelt. Wir *faxen*, *mailen*, *posten*, *twittern* und *simsen*, Tätigkeiten, die ich dir nur schwer erklären kann. Ihr Wert liegt darin, dass die Botschaften ganz schnell übermittelt werden können, über Kabel oder durch die Luft, und nicht einige Tage benötigen, wie zu deiner Zeit – vom Postboten persönlich ins Haus gebracht. Und der Postbote lieferte auch gleich den neuesten Klatsch aus dem Dorfe mit.

Auch wenn die Briefkultur nicht deine Kultur ist, so hoffe ich doch, dass meine Zeilen dich erreichen. Ich kann mich dich nur schwerlich beim Licht einer Tranlampe oder Unschlittkerze vorstellen, den Kopf über ein Blatt Papier gebeugt, die Feder sorgfältig Wort für Wort setzend.

Es war die Ausdrucksmöglichkeit der bürgerlichen, oft sehr gebildeten Frauen des 18. und 19. Jahrhunderts, die ihr die Möglichkeit einräumte, entfernte Kontakte zu pflegen, sich nach außen zu artikulieren und oft auf diesem Wege auch Einfluss zu nehmen.

Deine Hände, Sophie, waren für andere Tätigkeiten geschaffen als dafür, Briefe zu schreiben. Als Bäuerin warst du in unserem heutigen

Sinne schon eine »berufstätige« Frau, lange bevor Scharen von Tippfräulein und Verkäuferinnen jeden Morgen in die Büros und Kaufhäuser der Großstädte strömten.

Du warst nicht nur eine Frau für Haus und Kinder – »die 3 Ks Kinder, Küche, Kirche« wird das heute abwertend genannt – das Füttern der Schweine und das Melken der Kühe war ebenso deine Aufgabe wie das Binden der Getreidegarben oder das Schlachten der Hühner vor einem Festtag. Du musstest beim Dreschen ebenso Hand anlegen wie beim Kalben und Ferkeln, oft die Nacht über im Stall Wache halten. Werden und Vergehen, das war für dich der natürliche Kreislauf des Lebens, deines Lebens. Es richtete sich nach den Gegebenheiten, dem immer wiederkehrenden Lauf der Jahreszeiten, dessen Fluch oder Segen für dich als Bäuerin von großer Bedeutung war, entschied er doch über eine gute Ernte und einen gefüllten Vorratskeller für den Winter.

Auch wenn unsere Welten verschieden sind, habe ich doch deine Welt kennen und schätzen gelernt. Sie war ein Teil meiner Kindheit, und mithin nicht der schlechteste.

Ich kann mich noch gut an die Schlachttage erinnern, an denen ich mich immer weit entfernt von den Ställen versteckte, an das hysterische Quieken der Schweine, nachdem der Schlachter den Stall betreten hatte. Die geköpften Hühner, die auch ohne Kopf noch laufen konnten, waren mir als Stadtkind unheimlich. Auch dein Vorratskeller unterhalb der Scheune, ein dunkles kaltes Loch, nur über eine Leiter erreichbar, in dem das Eingemachte und die Kartoffeln überwinterten, hat meine Abneigung vor dunklen Kellerräumen noch unterstützt.

Doch meine positiven Erinnerungen überwiegen, Sophie, die Freiheiten und »ungeschützten« Räume, die ich mir als behütetes Stadtkind in der Weite der Landschaft erobern konnte. Die Mitarbeit auf dem Hof, die mir das Gefühl gab, etwas wert zu sein. Die knuddeligen Katzen, die um meine Beine herumstrichen. Und die Apfelbäume, unter deren Schatten ich mich in der Mittagszeit zurückzog und nichts anderes tat als Löcher in die Wolken zu schauen.

Der Gemüsegarten, aus dem ich mich mit Erbsen, frisch aus der Schote, und Erdbeeren reichlich bediente, ist sicher schon zu deiner Zeit angelegt worden. Er gewährte euch eine Rundum-Verpflegung durch das ganze Jahr. Dazu die Stelle im Moor, die euch mit Heizmaterial für den Winter versorgte.

Heute gibt es viele Menschen, die der Hektik unserer Zeit entfliehen und sich auf ein Leben einlassen, wie du es gelebt hast – allerdings abgefedert durch einige technische Neuerungen unserer Zeit. Maschinen, die nicht nur die Sense und den Dreschschlägel ersetzt haben, sondern auch unsere Hände. Jetzt schüttelst du den Kopf, Sophie, aber wir Frauen können heute, wenn wir wollen – und die meisten von uns wollen, das kannst du mir glauben – unsere schmutzige Wäsche und unser schmutziges Geschirr in eine Maschine legen, und die Maschine nimmt uns die Arbeit ab. Das hat uns Frauen Freiräume gegeben, Freiräume an Zeit, die wir mit Dingen füllen, die für dich keine Rolle gespielt haben, die dir vermutlich gar nicht in den Sinn gekommen wären.

Du bist mit Traditionen groß geworden, Sophie, mit Bräuchen und einem Wissen, dass von der Mutter auf die Tochter weitergegeben wurde. Die Zeiten haben sich geändert. Vorratshaltung ist, um in »neudeutsch« zu sprechen, »out«. Kaum jemand von den Jüngeren weiß heute noch, wie Apfelmus oder Kirschen eingekocht werden, wie Marmelade gemacht oder Sauerkraut eingelegt wird, um den Winter zu überdauern. Auch ich praktiziere es nicht mehr, habe mich der Bequemlichkeit unseres »fortschrittlichen« durchtechnisierten Lebens hingegeben. Und einen Teil des Wissens der Frauen nicht an meine Töchter weitergegeben, es dem Fortschritt geopfert. Ob dieses Wissen wirklich verzichtbar ist, wird erst die Zukunft zeigen.

Meine älteste Tochter jedenfalls hat sich dieses Wissen ganz langsam wieder zurückerobert, hat einen kleinen Gemüsegarten angelegt, kocht Marmelade ein und erprobt mit ihrem Mann das Weinkeltern.

Obwohl fast alles heute vorgekocht gekauft werden kann. Erdbeeren gibt es auch im Winter, dazu Früchte, von deren Existenz du noch gar nichts gewusst hast. Ananas zum Beispiel, Kiwis, Mangos, Orangen. Sie kommen über den Ozean oder aus südlichen Ländern, gewiss, und wir sind auf diese Lieferungen angewiesen.

Doch wir haben Möglichkeiten entwickelt, alte Fähigkeiten neu zu erlernen. So habe auch ich vor vielen Jahren Spinnen gelernt, mit einer Handspindel, weil nur ganz wenige Webstühle zur Verfügung standen. Die stehen heute nicht mehr in den Wohnungen – und zu deiner Zeit gehörte in jede gute Stube ein Webstuhl – sondern im Museum. Seitdem habe ich große Achtung vor deiner Arbeit, auch wenn sie dir mit Sicherheit schneller und fließender von der Hand gegangen ist als mir.

Neben der Landwirtschaft hat dein Friedrich noch einen *Schinkenhandel* und einen *Hokenhandel* betrieben. Der Schinken kam natürlich von eurem Hof und hatte in einem speziellen Rauch gehangen. Was den kleinen Laden anging, denn nichts anderes war der *Hokenhandel*, so durftet ihr nach dem Gesetz *nur dergleichen Waren führen, welche dem Landmann in seiner Hauswirtschaft unentbehrlich sind, z.B. Oehl, Licht, Thran, Theer, Salz, Grütze, Graupen, Mehl, Syrup, Seife und dergleichen Consumtibilien.*

Dagegen war aller Handel mit Waren aus fremden Ländern verboten, mit *Caffee, Thee, Zucker, Rosinen, Mandeln, Corinthen und feinen Gewürzen*, ebenso mit *solchen Waren, welche zur Krugnahrung gehören.* Kurz gesagt: eine Schankwirtschaft durfte dein Friedrich nicht betreiben.

Dieser Hokenhandel war sicherlich mehr der Notwendigkeit geschuldet, die umliegenden Höfe mit Waren zu versorgen, die es sonst nur in der Stadt zu kaufen gab, als der Tatsache, dass dieses Geschäft neben der Landwirtschaft eine sichere zusätzliche Einnahmequelle war. Und die Verkaufsarbeit wird vorwiegend auf deinen Schultern geruht oder gelastet haben.

Heute Sophie, betreiben die Landwirte wieder kleine *Hofläden*, denn die Lebensmittelgeschäfte sind aus den Städten und Dörfern fast verschwunden und zu riesigen Einkaufszentren in den Randgebieten der Wohnsiedlungen mutiert. Sie haben sich vom Menschen – und zum Teil auch von den wirklichen Bedürfnissen des Menschen – entfernt.

Doch auch die Aufgaben einer Bäuerin haben sich gewandelt und sind heute nicht mehr so vielseitig, wie sie es noch zu deiner Zeit waren. Eine Vielfalt an Tieren wie auf Eurem Hof gibt es heute nicht mehr: Pferde, Kühe, Schweine, Hühner, Enten, Gänse. Heute züchtet ein Bauer nur Hühner, wegen der Eier – oder nur Schweine, wegen des Fleisches – oder nur Kühe, wegen der Milch. Davon aber dann gleich Hunderte, oft eingepfercht auf engstem Raum, und die Geißeln der heutigen Zeit heißen Schweinepest, Rinderwahn und Vogelgrippe.

Da mutet uns dein Leben heute, Sophie, fast schon romantisch an – wenn ich es nicht besser wüsste. Habe ich doch auf deinem Hof die Sorgen um die Ernte und die Tiere erlebt, die euer Kapital waren, und daneben auch Segen und Fluch des städtischen Lebens kennengelernt.

Du bist die »immobilste« meiner Urahninnen, jene, die ihrem Geburts- und Lebensort treu geblieben ist, nie gezwungen war, ihn auf Dauer zu verlassen. In ein Dorf hineingeboren, das im Mittelalter ein berühmter und häufig besuchter Wallfahrtsort gewesen ist, der Heiligen Kümmernis – auch Heilige Hilfe genannt – gewidmet, die Tochter eines heidnischen Königs war und zum Christentum konvertierte. Das konnte natürlich nicht gutgehen, denn welche Tochter durfte sich schon ungestraft dem Vater widersetzen? Als der Vater sie mit einem Heiden verheiraten wollte, bat sie Gott, er möge ihr zur Abschreckung einen Bart wachsen lassen. Das muss geklappt haben, denn das Siegel von St. Hülfe zeigt noch heute eine Frau mit einem Bart. Allerdings eine gekreuzigte Frau, denn der Vater wollte den Widerstand seiner Tochter – natürlich – nicht widerstandslos hinnehmen.

Was für ein bemerkenswerter Ort, in den du hineingeboren wurdest. Nach einer Frau benannt, die ihrem Vater trotzte und sich zu ihrem Glauben bekannte – und dessen Hauptfeiertag ausgerechnet am Namenstag Maria Magdalenas begangen wurde, jener Frau, die in der Kirche als Sünderin galt.

Und doch ähnelt dein Leben dem deiner Vorfahrinnen, ausgerichtet an den Bedürfnissen des Tages, der Jahreszeit, des Hofes. Nur unterbrochen von Hochzeiten, Geburten, Todesfällen und der Besonderheit kirchlicher Feiertage. Haben dir diese Feiertage wirklich mehr Besinnung und Ruhe gebracht? Die Kühe mussten trotzdem gemolken werden, die Pferde gefüttert, dazu kam noch der Kirchgang, und auch der sonntägliche Braten sollte pünktlich auf dem Tisch stehen.

So schätzten die Kirchenväter die Frauen, zurückhaltend und häuslich, dem Vater oder dem Ehemann gehorchend, auch wenn sie solche wie die Kümmernis heilig gesprochen haben. Es ist die unbequeme Wahrheit für uns Frauen, Sophie: nur die Namen derer, die unbequem waren, sind bis heute erhalten geblieben. Die angepassten, so wie du und ich, werden bald von der Geschichte vergessen sein.

Hat man zu deiner Zeit im Ort noch über die Heilige Hilfe oder gar über Maria Magdalena gesprochen? Und hat man dir jemals von Hildegard von Bingen erzählt, einer der ganz großen Persönlichkeiten der mittelalterlichen Kirchengeschichte?

Sie war Äbtissin eines Nonnenklosters, Naturwissenschaftlerin, Komponistin spiritueller Gesänge, Kirchenpolitikerin und Ärztin, um nur einige ihrer herausragenden Fähigkeiten zu nennen. Galten doch im Hochmittelalter die Nonnenklöster als Orte, an denen die Frauen sich den Künsten und den Naturwissenschaften widmen konnten.

Oder von Herrad von Landsberg, ebenfalls eine Äbtissin und Dichterin, die Werke zur Geschichte und Naturwissenschaft ebenso verfasste wie Gedichte, Liedtexte und ein Konversationslexikon? Diese Frauen hatten weit größere Freiheiten, als wir uns das von Nonnen vorstellen können, Sophie. Sie unternahmen Reisen und sie predigten, wie Hildegard von Bingen, in Kirchen und auf Marktplätzen.

Das konnte natürlich nicht gut gehen. Es hat immer Zeiten gegeben, in denen Frauen sich eines hohen Ansehens erfreuten, doch immer auch folgte eine Phase der Entrechtung. Und so ließ auch die Hexenverfolgung nicht lange auf sich warten. Wie gut nur, Sophie, dass wir diese Zeit überwunden haben – oder? Obwohl St. Hülfe im Mittelalter ein bekannter und viel besuchter Wallfahrtsort gewesen ist, ist der Ort früh reformiert worden. Heute sind wir so weit, dass in der evangelischen Kirche nun auch Frauen auf der Kanzel stehen und predigen. Wir haben jetzt sogar Bischöfinnen. Das unterscheidet uns inzwischen von der katholischen Kirche, deren Päpste bis heute die Berufung von Frauen in den geistlichen Stand kategorisch ablehnen. In diesem Punkt hat sich bisher gar nichts geändert.

Vermutlich liegen dem Papst immer noch Frauen wie Katharina von Bora schwer im Magen, die nicht nur ihren Ehemann, Martin Luther, gewaltig unterstützt hat, sondern auch die Gedanken der Reformation. Aber auch für die katholische Kirche wird es immer schwieriger, die Predigten von Frauen auf die so genannten Gardinenpredigten zu reduzieren.

Doch lassen wir die Kirche im Dorf. Hier wuchsen ihr genügend Aufgaben zu, wie etwa die Überwachung der Moral. Und die gestaltete sich auf dem Lande besonders schwierig. Auf dem Heuboden liegt es sich nun einmal warm und weich. In der Stadt galt die Jungfräulichkeit als bestgehüteter Wert einer Frau. Aber auf dem Lande?

Geheiratet wurde, wenn ein Kind unterwegs war. Das war auch bei dir nicht anders, Sophie. Welcher Bauer wollte schon eine unfruchtbare Frau? Und dass es immer die Frauen waren, die unfruchtbar waren, und nicht die Männer – darüber waren sich alle Männer einig. Ein Sohn musste her, das war Teil des patriarchalischen Systems. Er übernahm den Namen, trug ihn weiter, gab ihn seiner Frau und seinen Kindern.

Ich weiß, Sophie, Ausnahmen gibt es immer – so geschehen in unserer Familie im Jahre 1789. Es war der Mangel an Söhnen, der die Großmutter deines Friedrich zur Hoferbin machte. Es war Brauch in St. Hülfe, dem Dorf, das nach einer Frau benannt wurde, dass der eingeheiratete Ehemann den Namen der Frau bzw. des Hofes annahm. Es gibt viele Höfe im Dorf, die nur so ihren Namen behielten. Das Osnabrücker Namensrecht ließ dies zu.

Es gab viele Regionen, in denen dieses möglich war, viel mehr, als wir heute glauben. Katharina von Bora, die Ehefrau von Martin Luther, behielt auch ihren Familiennamen. Heute ist dies auch bei uns Recht und Gesetz, Frauen und Männer können bei der Heirat wählen, welchen Namen sie für die Zukunft tragen wollen. Meine jüngste Tochter ist den Weg unserer Vorfahrin gegangen und hat ihren Familiennamen behalten. Aber es gibt inzwischen auch wieder Männer, die, wie unser Vorfahr, den Namen der Ehefrau annehmen.

Auch ein Trauschein oder der Segen des Pastors – oder der Pastorin – ist heute nicht mehr notwendig für das Zusammenleben eines Paares. Zu deiner Zeit aber war es noch zwingend. Vermutlich hat es auch noch einen Ehevertrag gegeben, den ich nicht kenne. Hat dein Vater dir zugeredet, diese Ehe einzugehen? Oder war es dein eigener Entschluss? Oder – ich denke jetzt einmal ganz simpel – war es einfach nur dem in dir keimenden neuen Leben geschuldet?

Du hast in diesen Hof eingeheiratet, der mir so vertraut ist, hast deinen Friedrich, den du seit deiner Kindheit kanntest, geheiratet, obwohl – oder gerade weil? – er 20 Jahre älter und verwitwet war, zudem mit einer kleinen Tochter gesegnet. Zwei Töchtern und zwei Söhnen hast du das Leben geschenkt, ich habe sie alle kennengelernt. Zwei von ihnen, Friederike und Hermann, von leichter, fröhlicher Natur, voller Humor, die anderen beiden, dein ältester Sohn Wilhelm und Sina, meine Großmutter, ernst und auch ein wenig schwierig im Umgang. Hast du das leichte Element mit in die Ehe gebracht? Oder eher das schwere?

Was war es, das so wichtig war, dass es eine Mutter vor 100 Jahren an ihre Töchter weitergab? Wenn ihr euch abends auf der Diele versammelt habt, Garn spinnend oder die Aussteuer nähend, du, deine Töchter, die eine oder andere Nachbarin, die Mägde? Habt ihr Dorfklatsch ausgetauscht, Kochrezepte? Kräuter für alle Gelegenheiten? Habt ihr den jungen Mädchen Ratschläge gegeben, wie sie keusch bleiben und verhüten können? Sich einem Manne beugen oder ihn austricksen sollten? Habt ihr Märchen erzählt, wie in alter Zeit, Lieder gesungen, Volkslieder, die durch die gemeinsamen Geselligkeiten am Leben erhalten wurden? Und habt ihr nicht doch hin und wieder von einem Prinzen geträumt, der euch wachküsst?

Einst waren es die Frauen, die die Geschichten am Leben erhielten, weitererzählten, die alten Lieder sangen. Viele Weihnachtslieder sind aus Wiegenliedern hervorgegangen. Heute haben wir die Volkslieder verlernt, sie sind fast schon verpönt, im Hause und in der Schule wird kaum noch gesungen. Und kaum eine Mutter singt ihr Kind heute noch in den Schlaf. Das Radio, nur noch ein kleiner Knopf im Ohr, den wir ständig mit uns herumtragen können, ist an die Stelle des Liedes getreten. Im besten Falle wird ein Kind heute noch von einer Spieluhr in den Schlaf »gesungen«. Technik und die fast grenzenlose Freiheit, der Gewinn unserer Zeit, zieht auch Verluste nach sich.

Ich bin noch mit einem Abendgebet aufgewachsen, das auch du sicher kennst: »Müde bin ich, geh zur Ruh …« Aber kaum jemand weiß, dass es von einer Frau verfasst wurde, von Luise Hensel, die es im Alter von 18 Jahren schrieb. Doch Frauen, die ihren Lebensunterhalt mit Schreiben oder Musizieren verdienen wollten, mussten einen guten finanziellen Rückhalt haben – oder starke Ellenbogen.

Luise Hensel hatte beides nicht, und so war sie nur einige wenige Jahre in der Lage, zu schreiben. Als unverheiratete Frau musste sie sich ihren Lebensunterhalt selbst verdienen. Das war in häuslichen Berufen, wie du selbst weißt, bereits in deinem Jahrhundert möglich, und so arbeitete Luise Hensel als Gesellschafterin und Erzieherin, was ihr aber keine Zeit mehr zum Dichten ließ.

Ihr Bruder Wilhelm heiratete übrigens Fanny Mendelssohn, die begabte Schwester von Felix Mendelssohn. Aber auch Fanny konnte ihre Berufung, das Komponieren, nicht zum Beruf machen. Das größte Hindernis stellte wohl ihr Bruder dar, der davon profitierte und einen Teil ihrer Kompositionen als seine eigenen ausgab. Und der große Goethe, zu deiner Zeit bereits ein Denkmal, wählte für seine Schwester die Lektüre aus, die sie lesen durfte, damit sie durch keine »schädlichen« Einflüsse verdorben wurde.

Du bist ohne Bruder aufgewachsen, Sophie, hättest du seine Einmischung in dein Leben als Sorge und Hilfe oder als Bevormundung verstanden? Deine Töchter, das wissen wir beide, hätten sich niemals von ihren Brüdern ins Leben pfuschen lassen. Sie waren, so möchte ich das nennen, »nicht auf den Mund gefallen«.

Wenn ihr nach getaner Arbeit am Abend auf der Diele zusammensaßet, habt ihr jemals von einem anderen Leben geträumt? Sind euch solch gefährliche und »schädliche« Gedanken jemals in den Sinn gekommen? Oder habt ihr sie gar nicht zugelassen? Habt euch wohlgefühlt in den »geschützten Räumen«?

Du, Sophie, hast weise und vorausschauend gehandelt, hast deinen Töchtern, auf dem Dorfe aufgewachsen, die Möglichkeit zu einer Ausbildung gegeben, auch wenn es sich hierbei »nur« um die Ausbildung zu typischen Frauenberufen gehandelt hat. Wie hast du die Zustimmung deines Friedrich erreicht, wohl ahnend, dass Sina und Friederike dem Dorf entfliehen würden – und wohl wissend, dass euer Hof keine zwei Jungfern, die nicht auf den Mund gefallen waren, vertragen würde?

Für die Generation deiner Töchter war eine Berufsausbildung noch nicht die Norm, und unverheiratete Frauen über 30 standen aus dem eben genannten Grunde nicht im besten Ansehen. Jahrhundertelang wurden sie an ihrem 30. Geburtstag öffentlich an den Pranger gestellt, fielen sie doch nicht nur der Allgemeinheit zur Last, sondern hatten auch für den Fortbestand der Menschheit keine nennenswerten Leistungen erbracht. Jungfräulichkeit war ab diesem Zeitpunkt nicht mehr von der Gesellschaft erwünscht.

In Bremen, der Stadt, in der deine Töchter später leben sollten, mussten diese Frauen Jahrhunderte lang die Türklinken der Domtüren putzen. Doch weil Bremen eine weltoffene Stadt ist, hat sie auch die unverheirateten Männer an den Pranger gestellt. Bereits zu deiner Zeit mussten sie, sehr zur Freude der Weiber, die Domtreppen fegen. Der Brauch hat sich bis heute gehalten, wird unter reger Beteiligung und großem Gejohle, oft mit Drehorgel-Begleitung, vollführt und endet mit dem Freiküssen des Ignoranten oder der Ignorantin.

Sina und Friederike mussten nicht fegen, obwohl du ihnen den Weg geebnet hast, auch ohne Ehemann ein Ein- und Auskommen zu haben. Friederike hat das Schneiderhandwerk erlernt und ist nach ihrer Heirat mit ihrem Mann nach Bremen gezogen. Sina, »beschützt« durch Schwester und Schwager, ging in Bremen »in Stellung«, wie es so schön hieß. Sie arbeitete als Haushälterin in einem gut situierten Bremer Haushalt. Ein 8-Stunden-Tag wird das nicht gewesen sein, eher eine Bewirtschaftung rund um die Uhr. Und »Ausgang« gab es auch nicht jede Woche. Doch für Sina war es ein Glück, hat sie doch sich und ihren Sohn, meinen Vater, mit dieser Arbeit nach dem frühen Tod ihres Mannes über Wasser halten können.

Ich habe ihr Kochbuch vor mir liegen, der Einband in Goldfarbe geprägt: *Grosses Illustriertes Kochbuch* von Mathilde Erhardt aus dem Jahre 1904. Da ist im Vorwort von »Ordnung, Fleiß und Sparsamkeit« die Rede, Werten, die auf unserer heutigen Skala ganz weit unten rangieren und im Konkurrenzkampf eher störend wirken. Also nicht nur ein Kochbuch, sondern auch ein Leitfaden für die »gute« Hausfrau.

Bereits 90 Jahre früher, 1814, hatte die Bremerin Betty Gleim, die einem großbürgerlichen, weltoffenen Hause entstammte, das »*Bremische Kochbuch*« veröffentlicht. Doch sie hatte auch andere

Bücher veröffentlicht, wie z.B. 1810 »Erziehung und Unterricht des weiblichen Geschlechts«, in dem sie nicht nur für eine selbstständige Erwerbsarbeit für Mädchen eintrat – nein, Sophie, sie gründete sogar 1806 – lange vor deiner Geburt – eine »Lehranstalt für Mädchen« in Bremen. Doch damit war sie ihrer Zeit weit voraus – für eine Ausbildung von Mädchen und jungen Frauen zur Selbstständigkeit war die Gesellschaft noch nicht reif genug. Am Ende war nur ihr Kochbuch von Erfolg gekrönt. Doch das kenne ich nicht. Dafür habe ich Sinas Kochbuch von Mathilde Erhardt vor mir liegen.

Ein Kapitel in diesem Buch lautet: *Der Tisch, der Mittelpunkt der Familie und der Geselligkeit.* Auch das stimmt heute so nicht mehr. Das Essen hat in unserer Gesellschaft einen geringeren Stellenwert bekommen, ganz besonders das gemeinsame Essen in der Familie. Unterschiedliche Arbeitszeiten, Hektik im Alltag machen dies oft unmöglich.

Doch es gibt auch Positives zu vermerken, Sophie, zumindest aus meiner Sicht. Dich sehe ich schon verständnislos den Kopf schütteln. Das Kochen ist nicht mehr nur die Sache der Frau, ebenso die Hausarbeit. Mein Mann zum Beispiel kann hervorragend Fenster putzen und Kartoffeln braten, und meine beiden Schwiegersöhne kochen gut und manchmal auch gerne. Heute wickelt ein Vater auch schon mal sein Baby oder fährt es im Kinderwagen spazieren. Nur stillen können die Männer noch nicht. Aber das kriegen wir auch noch hin, Sophie. Medizinisch ist inzwischen fast alles möglich.

Du runzelst die Stirn?

Erst das 20. Jht. ist es gewesen, das die Männer zu Geburtshelfern erkoren hat. Denn einer der ersten Berufe, den Frauen überhaupt ausübten, war der der Heilerin und der Hebamme. Auch bei euch auf dem Hofe wird der Arzt selten zu Gast gewesen sein. Zuerst einmal wurde die heilkundige Nachbarin gerufen. Einer deiner Enkelinnen, der Tochter deines jüngsten Sohnes Hermann, werden noch heute heilende Hände nachgesagt. Niemand weiß, sie selber schon gar nicht, wie sich diese Begabung herumgesprochen hat. Die Leute kamen zu ihr, ohne dass sie selbst sich dieser besonderen Gabe überhaupt bewusst war. Wie gut, dass die schwedische Königin Christine bereits 1649 in Osnabrück und den ihr unterstehenden Hoheitsgebieten die Folter abgeschafft hatte. Denn Frauen mit außergewöhnlichen Kräften wurden leicht als Hexen gebrandmarkt.

Der Machtkampf in der Medizin begann schon sehr viel früher. Wie hieß es 1648 im »Hexenhammer«, dem Lehrbuch für Inquisitoren? »Der katholische Glaube hat keine gefährlicheren Feinde als die Hebammen«. Und doch war es trotz der Unterstützung der katholischen Kirche schwer für die Männer, dieses Monopol der Frauen zu durchbrechen. Schon im 12. Jahrhundert hatte die Ärztin Trotula von Salerno das erste Buch zur Geburtshilfe verfasst. 500 Jahre später traten gleich mehrere Hebammen mit Büchern zur Geburtsheilkunde hervor, u.a. auch die Französin Louyse Bourgeois. Sie war eine der angesehensten ihrer Zunft, selbst Maria de Medici, die französische Königin, rief sie an ihr Bett. Marie-Louise entband sie von sieben ihrer Kinder, und für einen Prinzen zahlte die Königin eine Prämie von 1.000 Dukaten, für eine Prinzessin … na, wieviel wohl …? Ganze 600 Dukaten.

Aber Frauen waren schon immer etwas billiger zu haben, Sophie. Das war auch in Bremen nicht anders. Wer das Bürgerrecht erkaufen wollte, kriegte es für die Ehefrauen und Töchter preiswerter, zeitweise sogar zum halben Preis.

Doch zurück zu Marie-Louise Bourgeois. Dass eine solch erfolgreiche Frau auch Neider hatte, versteht sich von selbst. Als ihr eine Mutter am Kindbettfieber verstarb, traten ihre männlichen Kollegen auf den Plan. Sie mussten zwar vorerst passen, denn dem Missgeschick standen 2.000 gut verlaufene Entbindungen gegenüber. Doch eh die Frauen sich umguckten, war ihnen das Studium an den Universitäten wieder einmal verboten.

Die erste offizielle deutsche Ärztin, Dorothea Erxleben, musste sich den Zugang zum Studium 1754 hart erkämpfen. Bis sie als erste Frau in Deutschland den Doktorhut entgegennehmen konnte, musste sie einen langen und schweren Weg gehen. Als Pfarrersfrau hatte sie neben dem Studium den Haushalt und acht Kinder zu versorgen. Erst eine Genehmigung des preußischen Königs Friedrich der Große ebnete ihr den Weg zum Studium an der Universität Halle.

1987, fast 70 Jahre nach deinem Tod, Sophie, und erst über 200 Jahre nach Dorotheas Tod, ist ihr eine Briefmarke gewidmet worden – so wie vor langer Zeit die Darstellung der Hl. Kümmernis auf dem Siegel deiner Gemeinde für alle Ewigkeit festgehalten wurde.

Die zweite Hälfte unseres gemeinsamen Jahrhunderts hat sich wieder auf die Stärke der Frauen besonnen. 1961 wurde erstmals auf einem Geldschein das Konterfei einer Frau, der Nürnberger Kaufmannsfrau Elsbeth Tucher, abgebildet. Als aber 1990 eine neue Serie von Scheinen in Deutschland gedruckt wurde, waren sogar auf vier von acht Geldscheinen berühmte Frauen abgedruckt, die Dichterinnen Bettina von Arnim und Annette von Droste-Hülshoff, die Komponistin Clara Schumann und die Naturwissenschaftlerin Maria Sibylla Merian.

Das war die Zeit, als wir Frauen wieder einmal »unsere« Geschichte neu entdeckten. Doch leider vergessen wir sie auch sehr schnell wieder, vergessen, sie an die nachfolgenden Generationen weiterzugeben.

Ich versuche, mir ein Bild von dir zu machen, Sophie. Als Tochter eines Häuslings geboren, eines »Besitzlosen« nach den Maßstäben eures Dorfes, der kein eigenes Land bewirtschaftete, sondern sich bei Bauern verdingte – nicht viel mehr also als ein Knecht mit Wohnberechtigung in einem kalten, feuchten und unhygienischen Häuslingshaus. Für dich war die Heirat mit einem Brinksitzer ein Aufstieg, kein Großbauer, fürwahr, aber einer mit eigenem Besitz. War das ausschlaggebend für deine Wahl – oder die deines Vaters?

Es gibt ein Bild von dir im Kreise deiner Familie, ein dunkles Bild. Es ist nicht nur die Kleidung, die es so dunkel erscheinen lässt. Obwohl dein Mann neben dir sitzt, dich noch nicht zur Witwe gemacht hat, trägst du tiefstes Schwarz, das dein blasses Gesicht noch farbloser erscheinen lässt. Vielleicht hat dir auch der Fotograf mit seinem schwarzen Ungetüm, unter dem auch noch sein Kopf verschwand, das gleiche Unbehagen eingeflößt wie mir heute der Computer, – den ich zwar täglich nutze, von dem aber auch ich noch nicht weiß, ob er letztendlich ein Segen für unsere Gesellschaft ist oder ein Fluch.

Wir sind heute süchtig nach Bildern, Sophie, sie ersetzen uns oft die Worte, die wir nicht mehr finden können, und oft ersetzen sie uns auch die Realität.

So wie ihr früher an den langen Winterabenden zusammengesessen, gewebt, gesponnen, erzählt oder gesungen habt, so sitzen wir heute zusammen vor dem Fernseher. Das ist wie Kino im Wohnzimmer, falls du dir etwas darunter vorstellen kannst, und wir vergessen dabei, miteinander zu reden, und wir vergessen auch, dass wir Talente haben, die dabei verkümmern.

Und als Steigerung dessen sitzen manche Menschen oft stundenlang alleine vor dem Computer und verlieren immer mehr den Kontakt zu der Welt außerhalb der Bilder, zu ihrem wirklichen Leben. Ihr Leben spielt sich zwischen *online* und *offline* ab.

Wir können über das Internet mit der ganzen Welt kommunizieren, 5.000 »Freunde« bei *facebook* oder *twitter* oder anderen sog. »sozialen Netzwerken« haben und sitzen doch alleine vor dem Computer. Andererseits können wir über das Internet telefonieren – du hast die ersten Telefone noch kennengelernt – und unserem Gesprächspartner dabei direkt in die Augen sehen. Wir nennen das *skypen*.

Ich weiß, Sophie, du kannst mit diesen englischen Begriffen nicht viel anfangen – habe ich auf deinem Hof doch das *platt snacken* gelernt.

Doch fast alle diese Computer-Programme und »Netzwerke«, die so heißen, weil sie uns mit der ganzen Welt vernetzen, wurden von Männern »erschaffen«, von jungen lebenshungrigen Männern übrigens.

Letztendlich passt es zu der These, die der Schriftsteller Günter Grass aufgestellt hat, der den Zwiespalt der Männer zwischen der Sehnsucht nach der warmen, weichen Frau und der Sehnsucht nach Fortschritt und Technik sieht. Die Gefahr besteht jedoch, dass sie, diese jungen Männer, ihre Talente stärker auf Letzteres konzentrieren.

Du hast viele deiner Talente gar nicht entfalten, geschweige denn erkennen können. Doch der Grund war ein anderer. Du musstest von Sonnenaufgang bis Sonnenuntergang funktionieren. Das sind auch heute noch die Gesetze der Landwirtschaft. Wie oft habe ich mich noch einmal wohlig in meinem Bett herumgedreht, wenn ich auf deinem Hof zu Besuch war und nach Sonnenaufgang vom Klappern der Milchkannen geweckt wurde. Als Ferienkind konnte ich mich dem Luxus des Ausschlafens hingeben. Um eigene, in dir schlummernde Fähigkeiten erkennen zu können, fehlte es dir an der Zeit und der Anleitung, und zudem auch an dem Verständnis deiner Umgebung.

Und doch konntest du mit Selbstbewusstsein und Stolz am Abend auf dein Tagwerk blicken. Du hattest etwas getan, das sich sehen lassen konnte, sichtbar blieb, Keimlinge gesetzt, Saaten ausgeteilt, Kartoffeln geerntet.

Da verlangte es die bürgerlichen Frauen schon eher nach einem Ausbruch aus ihrem oft goldenen Käfig, nach neuen Wegen und mehr Anerkennung. Besonders aber die künstlerisch begabten Frauen sind häufig in der Ehefalle hängengeblieben. Gerade zu deiner Zeit, als sie die ersten eigenen Schritte aus dem »geschützten Raum« heraus wagten, fanden sie sich nach diesen ersten Gehversuchen oft in den Armen ihres »Beschützers« wieder. Denn allzu häufig nur verliebte sich die Studentin in ihren Lehrer und heiratete ihn.

Hatte er sie vor der Ehe noch mit großem Engagement gefördert, schnitt er sie nach der Ehe oft vom künstlerischen Betrieb ab, wie es ein Zeitgenosse von dir, der Maler Lovis Corinth, mit seiner Schülerin und späteren Ehefrau Charlotte Behrendt getan hat. Sie ist kein Einzelfall. Nicht jeder Mann ist so stark, dass er eine gleichwertige Partnerin neben sich ertragen kann.

Auch Robert Schumann fiel es schwer, die Kompositionen seiner Ehefrau Clara Wieck mit in sein Repertoire aufzunehmen. Meistenteils brillierte sie mit i h r e m Klavierspiel und s e i n e n Kompositionen. Dieser Machtkampf hat viel Unglück in diese Beziehung gebracht, und wer letzten Endes wirklich dabei gewonnen hat, lässt sich bis heute nicht klar erkennen.

Die Gleichberechtigung, die die Frauen sich in den vergangenen hundert Jahren im städtischen Leben erkämpft haben, Sophie, hat es im bäuerlichen Leben schon lange gegeben. Gewiss, die Arbeiten zwischen dir und deinem Friedrich waren klar verteilt, doch jeder von euch war für seinen Bereich verantwortlich und wurde vom Partner dafür geachtet. Es ist sicher eine Notgemeinschaft, die bäuerliche, die auch heute noch von Dürren, Unwettern, Krankheiten heimgesucht wird, aber auch eine, in der sich jeder auf den anderen verlassen kann und auch muss. Du hast mit Sicherheit »deinen Mann gestanden«, wie es damals hieß, auch die Zügel in der Hand gehabt. Würdest du heute leben, würdest du statt dessen den Traktor fahren, der die echten Pferdestärken inzwischen abgelöst hat.

Deine Töchter konnten als erste Generation einen Beruf erlernen. Vermutlich haben du und dein Friedrich ihnen aber nicht die Freiheit gewährt, diesen auch noch selbst auszuwählen. Das Angebot war auch nicht sehr groß. Meine Töchter dagegen können das heute. Sie können sich auch frei entscheiden, ob sie während und nach der Phase des Kinderkriegens weiter berufstätig sein wollen. Aber sie tragen nicht unbedingt leicht daran. Geschützte Räume, wie du sie kennengelernt hast, gibt es nur noch begrenzt. Und auf Verständnis beim eigenen Geschlecht können sie auch nur bedingt hoffen. Eine Frau, die den traditionellen Weg wählt, wird heute gern als »Nur-Hausfrau« abgestempelt. Entscheidet sie sich für die andere Seite, gilt sie als Rabenmutter und karrieresüchtig.

Es sind nicht nur die Männer, die diese Stempel verteilen – auch wir Frauen selbst können nur schlecht mit dem anderen Weg umgehen, jenem, den wir n i c h t gewählt haben. Wir Frauen haben es uns oft selbst schwer gemacht, Sophie.

Ob wir nun das starke oder das schwache Geschlecht sind – noch immer suchen wir nach Antwort, wo wir stehen.

Der Schriftsteller Günter Grass – wie bereits zitiert – sieht den Zwiespalt des Mannes zwischen der Sehnsucht nach der warmen, weichen Frau und der Sehnsucht nach Fortschritt und Technik.

Wo aber liegt unser Zwiespalt?

Liebe Catharine,

dass du einen Brief aus Stuhr bekommst, mag dich erstaunen. Lebe ich doch seit fast 50 Jahren in jenem Ort, der auch dein Lebensmittelpunkt gewesen ist. Wenn auch nur für 48 Jahre. Ein längeres, komfortableres Leben war dir nicht beschert, wie übrigens vielen, die sich als Heuerleute, wie man die Häuslinge in deinem Heimatort nannte, verdingen mussten. Waren doch die Arbeits- und ganz besonders die Wohnbedingen für Häuslinge der Gesundheit nicht zuträglich.

Über deine Kindheit und die Zahl deiner Geschwister ist wenig bekannt, Catharine. Du warst die Tochter eines *Neubauers*, also eines Bauern mit eigener Hofstelle, der sich neu angesiedelt hatte, und bist in *Groß-Mackenstedt* aufgewachsen. Heute ist auch dies ein Ortsteil von Stuhr. Ich gehe aber davon aus, dass du einen Bruder gehabt hast, der den Hof des Vaters später übernommen hat, denn ansonsten wärest du die Hoferbin gewesen. Es ist aber anders gekommen.

Erst durch die Hochzeit mit Johann und die Geburt deines ersten Kindes finden sich »Vermerke« über dich in den Stuhrer Kirchenbüchern. Am 24. und 31. August wurde eure bevorstehende Ehe von der Kanzel der Kirche *proklamiert*, am 16. September wurdet ihr dann *coupuliert*, wie es in der damaligen Amtssprache hieß. So ist es in den Kirchenbüchern aufgeschrieben. Und da wurde es auch höchste Zeit. Ist doch bereits zwei Tage später euer erstes Kind geboren worden, Johann, natürlich benannt nach seinem Vater.

Seid ihr in die Ehe »gepresst« worden? Hat der Pastor die Eheschließung »beschleunigt«, ist sie vielleicht geschlossen worden, als du bereits in den Wehen lagst? Es liegen Protokolle von Pastor Meyer vor, wonach er im Falle von schwangeren unverheirateten Frauen alle als Väter in Frage kommenden Männer ins Pfarrhaus bestellt und einem eingehenden Verhör unterzogen haben soll. Viele Männer sollen daraufhin das Weite über die nahe gelegene Bremer Landesgrenze gesucht haben. Doch deinem Johann hätte das nicht geholfen, war er doch in Stuhr aufgewachsen und stammte aus einer schon lange dort ansässigen Familie. Und ich nehme zu seinen Gunsten an, dass er das auch gar nicht in Erwägung gezogen und zu seiner Verantwortung gestanden hat.

Die Moralvorstellungen deiner Zeit ließen keine andere Lösung zu, sollte die Frau nicht aus der Gesellschaft ausgeschlossen werden. Heute, Catharine, zeigt niemand mehr mit dem Finger auf eine Frau, die unehelich ein Kind in die Welt setzt. Auch einer deiner Ur-Enkel hat die Mutter seiner Kinder erst dann geheiratet, als bereits des 2. Kind »unterwegs« war. Viele junge Leute scheuen sich heute auch, eine lebenslange Bindung einzugehen.

Bei euch stand es außer Frage, *dass der Tod euch scheidet.* Und der standesamtlichen Eheschließung folgte der Segen durch die Kirche. Heute, Catharine, holen sich viele Paare nur noch den amtlichen Stempel und verzichten auf den kirchlichen Segen.

Auch dein Johann ist bereits knapp drei Monate nach der Hochzeit seiner Eltern geboren – im Gegensatz zu dir hineingeboren in das Leben einer Häuslingsfamilie. Der Besitz einer Bauernfamilie konnte immer nur an einen Sohn – oder, in Ermangelung dessen, an eine Tochter – weitergegeben werden. In vielen Gegenden wanderten die nicht bedachten Söhne nach Amerika aus, bevor sie ihr Leben als Knecht auf dem Hof des Bruders fristen mussten.

In Stuhr dagegen verdingten sie sich als Heuerleute auf den Höfen der Großbauern, »heuerten« dort an. Sie arbeiteten mit ihren Familien nicht nur auf den Höfen der Bauern, sie lebten dort auch in speziellen Häuslingshäusern. Dein Johann war also schon an dieses karge und beengte Leben, das nun auf dich wartete, gewöhnt.

Diese Häuser waren nicht nur klein und dunkel, sie waren oft auch nur mit einem Lehmfußboden ausgestattet, ließen kaum Licht durch die engen Fenster und hatten keine Feuerstellen zum Heizen. Die Wände waren feucht, und die Hochwasser, von denen Stuhr regelmäßig heimgesucht wurde, machten die Lebensumstände nicht besser. Für eine Häuslingsfamilie mit vielen Kindern, wie ihr eine werden solltet, aus heutiger Sicht eine Zumutung. Kein Wunder also, dass zu dieser Zeit viele Töchter und Söhne zwischen 20 und 30 Jahren an der Schwindsucht starben. Das war in Johanns Familie so, und auch dir sollte diese Krankheit zum Verhängnis werden.

Da in Stuhr der Hausbesitz nach Feuerstellen gezählt wurde, wurden die Häuslingshäuser nicht in die Zählung mit eingerechnet. So lebten 1835, um den Zeitpunkt von deiner und Johanns Geburt, dort 328 Familien in 264 Feuerstellen. Man kann also davon ausgehen, dass es zu dieser Zeit mindestens 50 Häuslingsfamilien gegeben hat. Der Lohn war gering. Neben der Unterbringung und Beköstigung der Familie gab es im Jahr 20 Reichsthaler, ein Paar Schuhe, ein Paar Stiefel, 24 Ellen Leinen und, falls die Häuslingsfamilie ein eigenes Schaf oder eine Ziege hielt, Grasung und Futter für das Tier.

Und in dieses Leben wurden eure Kinder hineingeboren. Anhand der Geburtseinträge im Kirchenbuch lässt sich nachvollziehen, in welchem Ortsteil ihr gerade zum Zeitpunkt der Geburten als Heuerleute euer Brot verdientet.

Deine ersten beiden Kinder, Catharine, der bereits genannte Johann und der Zweitgeborene Hinrich werden in der *Stuhrreihe* geboren. In den folgenden Jahren habt ihr mehrfach die Heuerstelle gewechselt, denn Gesine erblickt in *Kladdingen* das Licht der Welt. Vier Jahre später wiederum habt ihr eine Heuerstelle in *Moordeich* inne, dem Ortsteil, in dem auch wir wohnen. Hier kommt dein dritter Sohn Friedrich auf die Welt, der Großvater meines Mannes. Drei Jahre später dient ihr dann einem Bauern in *Gehrden*, hier wird Elise geboren.

Ich mag es mir nicht vorstellen, wie ihr mit fünf Kindern in diesen engen feuchten Häuslingshäusern gelebt habt. Und ich mag mir auch nicht vorstellen, wie viele Fehlgeburten du gehabt hast, lagen doch zwischen den Geburten immer mehrere Jahre. Zumindest 1872 – du bist bereits 40 Jahre alt, Catharine – hast du eine Todgeburt. Namenlos wird das Kind zwei Tage später auf dem Kirchhof begraben. Zu diesem Zeitpunkt habt ihr eine Heuerstelle in *Obernheide* inne.

In der Regel begann eure Arbeitszeit bei Sonnenaufgang. Der Arbeitstag war also im Sommer erheblich länger als im Winter, in dem sich die Arbeit vorwiegend auf die Ställe beschränkte. Im Sommer wurden die Heuerleute vor allem auf den Feldern und Äckern eingesetzt oder in der Scheune beim Dreschen. Du wirst es mir nicht glauben, und es wird dir schwer aufstoßen, aber für ein 1 ha großes Kornfeld, für das dein Johann mit der Sense 25 Stunden brauchte, um es abzumähen, gibt es heute große Geräte mit einem Motor, Mähdrescher genannt, die diese Fläche nicht nur in einer einzigen Stunde abmähen, sondern das Korn auch gleichzeitig noch dreschen.

Du hast dich gewundert, Catharine, dass wir in Moordeich wohnen und keine Landwirtschaft betreiben? So wie es zu deiner Zeit eine Landflucht gegeben hat, viele Menschen vom Lande in die Städte abgewandert sind, so hat vor ungefähr 50 Jahren eine Stadtflucht eingesetzt. Die Menschen verließen die unruhigen und oft lauten Städte, auch wenn sie jeden Tag zum Arbeiten wieder dorthin fahren, und siedelten sich im bäuerlichen Umland an. Und so verschlug es viele Bremer auch nach Stuhr, sie bauten dort wie wir ein kleines Häuschen, allerdings größer als eure Häuslingskate, mit einem kleinen Garten und genießen die ländliche Ruhe. Und so wuchs Stuhr auf heute über 30.000 Menschen an, viele Bauern verkauften ihr Land und schufen so Platz für die Wohnhäuser der Städter.

Und es mussten natürlich neue Straßen geschaffen werden, und diese Straßen brauchten einen Namen. Du wirst es nicht glauben,

Catharine, aber einige dieser Straßen tragen auch die Namen von Frauen, berühmten Frauen.

So gibt es in Moordeich jetzt ein »Maler-Viertel« und ein »Musiker-Viertel«, wie wir es nennen. Sie heißen so, weil die Straßen in diesen Vierteln nach Malern und nach Musikern benannt sind. Und den Namensgebern sind im Maler-Viertel nicht nur Maler wie Pablo Picasso und Emil Nolde eingefallen, sondern auch zwei Malerinnen haben einer Straße ihren Namen gegeben, Käthe Kollwitz und Gabriele Münter. Wenn du jemals einen Pinsel in die Hand genommen hast, Catharine, dann sicher nicht, um ein Bild zu malen, wie diese beiden Frauen es getan haben, sondern um im Frühling die Wände im Stall frisch zu kalken.

Im Musiker-Viertel ist den Verantwortlichen dann leider keine Frau eingefallen, zu deren Ehren sie eine Straße benennen wollten. Doch im Ortsteil *Varrel* hat man im »Dichter-Viertel« neben so berühmten Persönlichkeiten wie Goethe, Eduard Mörike und Christian Andersen, von denen du sicher auch gehört hast, eine Straße auch nach der schwedischen Schriftstellerin Astrid Lindgren benannt.

Sie hat ein Mädchen namens Pippi Langstrumpf erfunden, das im selben Jahr das Licht der Welt – in ihrem Falle das Licht der Papierwelt – erblickte wie ich. Sie müsste also heute genau so alt sein wie ich, doch im Gegensatz zu mir ist sie jung geblieben. Sie war ein Mädchen, gänzlich unangepasst an die Welt der Erwachsenen, das nach dem Motto lebte: »Ich mach mir die Welt wie sie mir gefällt«.

Ich habe meinen Töchtern die Geschichten von Pippi vorgelesen, und sie waren begeistert von dieser selbstbewussten, aufmüpfigen Göre. Meine Mutter dagegen hat noch alles getan, damit ich mit diesem Mädchen nicht in Berührung kam und keine »Flausen« im Kopf kriegte, wie es zu meiner Zeit hieß. Wir Frauen stehen uns doch manchmal selbst im Weg.

Hast du nicht auch manchmal den Wunsch nach einer Auszeit von deinem täglichen »Arbeitstrott« verspürt, Catharine? Einmal alle Viere von sich strecken und Fünfe gerade sein lassen? Zu deiner Zeit war das sicher noch kein Thema, ganz gewiss nicht in deinen Kreisen, und für Frauen ziemte es sich sowieso nicht.

Und wenn jemand eine Auszeit nehmen konnte, dann waren es die Kinder, die eine Auszeit vom Schulunterricht hatten, heute wie damals »Ferien« genannt. Diesen Begriff kennst du. Doch die Ferien von der Schule waren keine wirklichen Ferien für die Kinder. Sie tauschten die Schulbank ein gegen das Feld oder den Acker, denn hier wurden sie zu dieser Zeit dringender gebraucht, Häuslingskinder ebenso wie die Kinder der Großbauern … im Frühjahr zur Zeit der Aussaat, im Sommer zur Erntezeit, und im Herbst gab es Kartoffelferien.

Diese Ferien gibt es heute noch, nur heißen sie jetzt Osterferien, Sommerferien und Herbstferien.

Und die wenigsten Kinder verbringen diese Zeit noch auf den Feldern. Sie fahren mit ihren Eltern in den »Urlaub«. So nennen wir das heute, wenn Erwachsene Ferien machen. Das bedeutet, sie verreisen für eine oder auch mehrere Wochen in einen anderen Ort oder in ein anderes Land. Oder aber die Familien verbringen diesen Urlaub auf einem Bauern- oder Ponyhof. Denn viele Menschen sind noch nie mit einem Pferd »in Berührung« gekommen. Und viele Kinder wissen heute gar nicht mehr, wo die Milch herkommt, die sie im Supermarkt einkaufen.

Hast du dir jemals vorstellen können, dein Dorf zu verlassen und für einen Tag oder gar eine Woche in die Berge oder an die See zu fahren? Bist du jemals in Bremen gewesen, der Stadt, die deinem Ort am nächsten lag und mit dem Pferdewagen in einer Stunde zu erreichen war? Heute, Catharine, fahren die Menschen im Urlaub nicht nur in den Harz oder an die Nordsee, sie reisen auch in fremde Länder.

Du möchtest wissen, wie viele Tagesreisen das mit einem Pferdegespann sind? Es hat sich viel geändert seit deiner Zeit. Vielleicht hast du schon das eine oder andere Auto durch euer Dorf fahren sehen, diese Blechkästen auf vier Rädern. Davon gibt es heute Millionen, ich möchte sagen Milliarden auf der ganzen Welt, die Straßen sind voll damit. Und mit solch einem Auto braucht man von Stuhr aus nur zwei Stunden bis an die Nordsee oder drei Stunden bis zum Harz.

Und es gibt inzwischen Flugzeuge. Das sind Blechkisten, die fliegen können. Und direkt an Stuhr, genauer gesagt an *Gehrden*, dort, wo ihr eine Heuerstelle hattet und eine eurer Töchter geboren wurde, grenzt heute ein Flughafen. Und mit solch einem Flugzeug ist man in drei Stunden nicht etwa im Harz, sondern in Spanien oder Griechenland. Konnte man zu deiner Zeit nur mit dem Schiff nach Amerika kommen und benötigte für die Reise sieben Tage, so schafft man diese Strecke heute mit einem Flugzeug in sieben Stunden.

Das Schönste an der Sache ist, Catharine, dass heute jeder Mann und jede Frau, die für einen Arbeitgeber arbeiten, also auch für einen Bauern, einen Anspruch auf mehrere Wochen Urlaub im Jahr haben. Das ist inzwischen in unserem Gesetz festgeschrieben. Wenn dir und deinem Johann der Bauer überhaupt eine Auszeit von eurer Arbeit genehmigte, dann war das die Zeit für den Kirchgang am Sonntag. Doch danach musstest du wahrscheinlich für die Bauernfamilie den Braten zubereiten. Ein ganzer freier Tag war euch wohl nicht vergönnt.

Aber hättet ihr wirklich gewusst, was ihr mit dieser freien Zeit anfangen solltet? Galt es nicht als faul und träge, wenn man einfach nur die Beine hochlegte? An Reisen zumindest war nicht zu denken. Die einzige Reise, die du später antreten solltest, war deiner schweren Krankheit geschuldet. Und du hast sie mit Sicherheit nicht genossen, die Reise, die dich auf immer von deiner Familie trennen sollte.

Apropos Schule, Catharine. Konnten deine Kinder regelmäßig eine Schule besuchen? Es gab nur zwei Schulen in Stuhr, die Schule des Kirchspiels gegenüber der Kirche und eine weitere Schule im Ortsteil *Blocken*. Doch eure Heuerstellen lagen zeitweise so weit von diesen

Schulen entfernt, dass die Kinder einen Fußweg von einer Stunde und mehr hätten zurücklegen müssen.

Die Schule in Blocken war lange nur eine »Nebenschule«, eine sogenannte Winterschule, wollten die Eltern ihren Kindern doch im Winter nicht den langen beschwerlichen Weg zur »Hauptschule« zumuten. Und viele schickten ihre Kinder auch nur im Winter zum Lernen dorthin, wurden die Kinder doch im Sommer bei der Ernte gebraucht.

Zudem waren die Eltern für die Versorgung und Verpflegung der Lehrer an den Nebenschulen zuständig. An der Hauptschule des Kirchspiels dagegen sorgte die Kirche für den Unterhalt der Lehrer, die jedoch oft nicht für diesen Beruf ausgebildet waren, sondern als Küster oder Organisten dieses zusätzliche Lehramt mit übernahmen.

So wird die Hauptschule in Stuhr seit 1831 von dem Organisten Windmüller geleitet, der sich eifrig an der Delmenhorster Lehrerkonferenz weitergebildet hatte. Und er wird auch bald in Stuhr heiraten und Vater von neun Kindern werden.

Viel mehr passen auch gar nicht in eine Schulklasse, höre ich dich sagen. Ich weiß, Catharine, habe ich diese Dorfschulen in meiner Kindheit doch noch kennengelernt. Oft gab es nur einen Klassenraum, in dem die Kinder aller Jahrgänge gleichzeitig unterrichtet wurden. Und so kann es durchaus sein, dass dein Johann, wenn er denn die Stuhrer Schule besucht hat, mit dem einen oder anderen Windmüller-Kind zusammen in einem Klassenraum gesessen hat.

Hast du Windmüllers Tochter Elise kennen gelernt? Als du nach Stuhr heiratetest, war sie zwölf Jahre alt. Und sie ist eine jener Frauen, die aus Stuhr kamen und später Bremer Geschichte »schreiben« sollten. Nicht mit dem Bleistift, wohlgemerkt, sondern in übertragenem Sinne.

Sie heiratete den Bremer Kaufmann Dietrich Roselius und »gebar ihm« – wie es damals so schön hieß – sechs Kinder. Und einer ihrer Söhne ist es, der in die Geschichte eingehen wird, nicht nur in die Geschichte der Stadt Bremen.

Elises Ehemann hatte eine Firma gegründet und importierte und verkaufte Kolonialwaren, darunter auch Kaffee. Das waren Waren, die in den Kolonien angebaut wurden.

Hast du jemals Kaffee getrunken, Catharine? Ich denke, Kaffee war zu deiner Zeit ein Luxus-Getränk und für eine Häuslingsfamilie nicht bezahlbar.

Doch die Familie Roselius konnte sich diesen Luxus leisten, und als Elises Ehemann im Alter von 59 Jahren starb, führten die Ärzte seinen Tod auf den übermäßigen Kaffeegenuss zurück. Ihr Sohn Ludwig begann nun, die Bestandteile des Kaffees zu erforschen, und er fand heraus, dass der Wirkstoff Koffein das Herz belastet und seinem Vater wohl zum Verhängnis geworden war.

Und so entwickelte er ein Verfahren, das den Kaffeebohnen das Koffein entzog. Dieses Verfahren war zu jener Zeit weltweit einmalig und Ludwig Roselius gründete eine eigene Firma, um sein Produkt zu verkaufen. Die Firma gründete Filialen in London, Utrecht und Wien. Und mit seiner Firma, Kaffee HAG genannt, verdiente Ludwig Roselius so viel Geld, dass er nicht nur einige Künstler seiner Zeit, wie die Malerin Paula Modersohn-Becker und den Bildhauer Bernhard Hoetger, unterstützen konnte, er baute auch die damals sehr heruntergekommene Böttcherstraße in Bremen wieder auf im Stil der damaligen Zeit, dem Expressionismus.

Heute gilt diese Straße als Kunstwerk und kein Fremder, der Bremen besucht, geht an dieser Straße vorbei.

Elise Roselius hat diesen Erfolg ihres Sohnes nicht mehr erleben dürfen. Sie starb bereits vor ihrem Ehemann im Alter von 46 Jahren. Ich bin mir sicher, sie wäre stolz auf ihren Sohn gewesen.

Und ich bin mir sicher, Catharine, dass auch du dir für deine Kinder ein besseres Leben gewünscht hast als es das deinige gewesen ist. Und ich kann dir bestätigen, zumindest auf drei deiner Kinder trifft das zu.

Auch dein Sohn Friedrich hat seinen Geburtsort verlassen und ist nach Bremen gegangen.

Ich hatte dir von der Böttcherstraße erzählt, die Ludwig Roselius wieder aufgebaut hat. Das war einst die Straße, in der, wie der Name es sagt, die Fassmacher lebten und arbeiteten. Und diesen Beruf des Böttchers hat auch dein Sohn Friedrich erlernt. Und mit diesem Können ist er nach Bremen gegangen.

Es war die Zeit der Landflucht, wie du dich sicher erinnern kannst. Die Industrialisierung hatte dafür gesorgt, dass besonders in den Städten neue Arbeitsplätze entstanden. Und das zog die jungen Leute in Massen an.

Und Friedrich hat Arbeit gefunden, anfangs in seinem erlernten Beruf. Doch nach einigen Jahren wird er Arbeit auf der AG Weser finden, einer Werft im Bremer Hafenbereich. Und dort stößt er auf eine aktive Arbeiterbewegung, die sich einer neu gegründeten Partei angeschlossen hat, der Sozialdemokratischen Partei Deutschlands, kurz SPD.

Diese politische Partei hatte es sich auf die Fahnen geschrieben, die Lebensverhältnisse der ärmeren Bevölkerung zu verbessern. Und da stößt sie bei den Arbeitern auf offene Ohren, und natürlich auch bei deinem Friedrich, hat er doch die Armut am eigenen Leibe gespürt.

Von seinen Kindern wird Friedrich später als politisch interessierter Mensch geschildert, und so wird er sich sicher auch unter die 3.000 Menschen gemischt haben, die sich in den Centralhallen in Bremen die Rede des Sozialdemokraten Wilhelm Liebknecht angehört haben.

Und er wird Freundschaft schließen mit einem anderen Friedrich, mit Nachnamen Ebert, ein gelernter Sattler, der als Wandergeselle nach Bremen kommt und bald zu einer führenden Person in der sozialdemokratischen Bewegung wird. Schon bald zieht er für die Partei in die Bürgerschaft ein und wird Redakteur der von ihr herausgegebenen Bürgerzeitung.

Sein Einfluss auf deinen Friedrich war groß, Catharine, wird doch die Bremer Geschichte der beiden Friedrichs in unserer Familie immer wieder gerne aus dem Schatzkästlein gekramt.

Wahrscheinlich wäre Friedrich Ebert als Wandergeselle weitergezogen, hätte er in Bremen nicht die Frau seines Lebens kennengelernt, Louise Rump, ebenfalls aus einer Häuslingsfamilie stammend wie du. Sie wuchs nicht weit von deinem Heimatort auf, in *Melchiorshausen*, musste die Schule schon mit zwölf Jahren verlassen, um als Magd auf einem Bauernhof und später als Dienstmädchen in einem Haushalt zu arbeiten. Bis ihre Familie ebenfalls nach Bremen zog und Louise als Arbeiterin, genauer als Kistenkleberin in einer Tabakfabrik arbeitete.

Auch sie ist, genau wie dein Friedrich, von den Idealen der SPD und dem Auftreten von Friedrich Ebert beeindruckt. So beeindruckt, dass sie ihn heiratet. Da aber das Einkommen als Redakteur und Fraktionsvorsitzender für die schnell anwachsende Familie und die Geburt der fünf Kinder nicht ausreicht, übernehmen die Eberts eine *Restauration und Bierhalle* in der Bremer Neustadt.

Hinter dem Tresen steht aber meistens Louise, entwickelt sich die Bierhalle doch bald zu einem Treffpunkt der Sozialdemokraten, zu denen sich auch dein Friedrich zählt. Hier wird diskutiert und philosophiert über eine bessere Welt – nicht immer ganz trocken, dafür steht schon die Örtlichkeit. Und weil Arbeiter hier ein offenes Ohr für ihre Nöte finden, trägt die Bierhalle den Namen *Gute Hilfe*.

1905 trennen sich die Wege der beiden Friedrichs. Dein Friedrich hatte inzwischen auch die Frau seines Lebens kennengelernt und geheiratet, seine Almine, und mit ihr fünf Kinder gezeugt. Leider trifft sie ein ähnliches Schicksal wie es dich und deinen Johann auch ereilt hat. Eines ihrer fünf Kinder wird bereits im Säuglingsalter sterben. Friedrich Ebert aber zieht es nach Berlin, in jene Stadt, in der er sich als Abgeordneter der SPD politisch entfalten und im Reichstag deutsche Politik mitgestalten kann.

Und nun hör gut zu Catharine, denn 1919 – du wirst es kaum glauben – bricht das Kaiserreich nach einem Krieg zusammen, der Kaiser geht ins Exil, und Friedrich Ebert wird zum ersten Reichspräsidenten Deutschlands gewählt – und seine Louise wird die erste Frau im Staat, sozusagen in Nachfolge der Kaiserin.

Vor gut 20 Jahren ist ein Buch über Louise Ebert geschrieben worden unter dem Titel »*Von der niedersächsischen Häuslerkate zum Präsidentenpalais in Berlin*«. In ihrem Heimatort hat man sogar eine Straße nach ihr benannt. Straßen, die nach ihrem Mann benannt wurden, gibt es unzählige.

Hast d u jemals von einem besseren, anderen Leben geträumt, Catharine, der Pippi Langstrumpf in dir Raum gegeben? Hast du solche Träume überhaupt zugelassen, dein Leben mit dem Leben anderer Frauen verglichen? Deine Vergleichsmöglichkeiten waren begrenzt, beschränkten sie sich doch ausschließlich auf deinen Heimatort, in dem die meisten Menschen von oder für die Landwirtschaft lebten. Selbst der Pastor und der Organist hielten noch ihr eigenes Vieh.

Und auch die Lebenserwartung, an Lebensjahren gemessen, war begrenzt. Bereits vier Jahre nach der Todgeburt eures letzten Kindes trifft dich der nächste Schicksalsschlag. Dein Johann stirbt, einige Tage vor seinem 45. Geburtstag, an Wassersucht, einer Krankheit, an der, schenkt man den Kirchenbüchern Glauben, viele Menschen in Stuhr gelitten haben.

Alt-Werden in Stuhr war eine Herausforderung. Die Lebensumstände, die ständig wiederkehrenden Hochwasser und die »medizinische Unterversorgung« auf dem Lande, wie wir das heute nennen, sprachen dagegen. Gab es einen Arzt in eurem Ort, Catharine, und hattet ihr genügend Geld, euch den Arzt »leisten« zu können? Wahrscheinlich wirst du beide Fragen verneinen.

Mit welchen trostreichen Worten kann ich also diesen Brief schließen? Ich wünschte, mir fiele etwas Tröstendes ein.

Schwer lassen sich die vier Jahre zwischen Johanns Tod und dem deinen nachvollziehen. Eure beiden ältesten Söhne sind bereits 20 und 18 Jahre alt. Sie können für sich selbst sorgen. Über Johanns Verbleib ist nichts bekannt. Vielleicht hatte er Stuhr bereits verlassen? Von Hinrich ist überliefert, dass er eine Ausbildung zum Schumacher gemacht hat. Später wird er in eine Brinksitzer-Stelle einheiraten, zumindest also ein selbstbestimmes Leben führen.

Doch Gesine ist erst 14, Friedrich 10 und Elise ganze 7 Jahre alt, als der Vater stirbt. Und kurze Zeit später erkrankst auch du an Tuberkulose, der Geisel eurer Zeit, auch Lungenschwindsucht genannt. Und musst nun die einzige Reise deines Lebens antreten, eine Reise ohne Wiederkehr, in das Kloster Blankenburg in der Nähe von Oldenburg. Das Kloster hat eine lange Geschichte als Armen- und Siechenhaus hinter sich und ist nun, als du dort den Rest deines Lebens verbringen musst, eine »Verwahranstalt« für psychisch Kranke, und, wie in deinem Fall, für unheilbar an Tuberkulose Erkrankte. Und zu deiner Zeit war diese Krankheit leider noch nicht heilbar. Wie hast du dich gefühlt, wohl ahnend – und vielleicht sogar wissend – dass du deine Kinder nie wiedersehen würdest? Ich mag mir nicht vorstellen, welches Gefühlskarussell du durchlebt hast. Hat dich jemals ein Mitglied deiner Familie besucht – besuchen können? Die Eisenbahn steckte noch in den »Kinderschuhen«, und mit dem Pferdewagen war es eine Fahrt von mehreren Stunden bis nach Oldenburg.

Wer hat deine Kinder aufgefangen? Das soziale Netz deiner und Johanns Familie hat scheinbar nicht gehalten. Deine Schwägerin, Johanns Schwester, auch Catharine geheißen, hatte selbst 13 eigene Kinder zu versorgen.

Deine älteste Tochter, Gesine, ist mit 14 Jahren alt genug, eine Stelle im Haushalt anzunehmen. Deine beiden jüngsten Kinder Friedrich und Elise dagegen kommen unter die Obhut der Bauernschaft.

Friedrich findet Aufnahme im *Stubbenhus* in *Moordeich*, beim Bauern Stubbe, möglicherweise auf dem Hof, auf dem er auch geboren wurde. Hier erhält er auch eine Ausbildung zum Böttcher und

Weinküfer. Dieser Beruf ist heute fast ausgestorben, Catharine, ebenso wie jener des Häuslings. Doch um der Ärmlichkeit seines Lebens als Waisenkind zu entfliehen geht Friedrich, kaum älter als 16 Jahre, nach Bremen, wie ich dir bereits erzählt habe.

Und deine jüngste Tochter Elise findet Aufnahme auf einem Hof *zu Gehrden*, vermutlich auch auf jenem Hof, auf dem sie geboren wurde. Und später wird sie in diesen Hof einheiraten. Vielleicht ist es dies, was dir Trost geben kann. Das Wissen, dass deine Kinder dem Häuslingsleben »entflohen« sind und ein besseres und komfortableres Leben führen konnten, als es dir vergönnt war.

Doch was wird aus dir im Kloster Blankenburg? Es ist nicht überliefert, wie viele Monate oder Jahre du dort verbracht hast. Auf keinen Fall mehr als vier Jahre. Denn dann findet sich dein Name unter den Beerdigten des Klosters Blankenburg. Als »Klösterlingin« bist du dort verzeichnet, was auf einen längeren Aufenthalt im Kloster hindeutet. Du hast die Krankheit nicht überlebt, wurdest drei Tage nach deinem Tod »still« in Hude, 25 km von deinem Heimatort entfernt, beerdigt.

Haben deine ältesten Kinder der Beerdigung beigewohnt? Wohl kaum, wenn sie »still« vonstatten ging. Den jüngeren Kindern wird die Nachricht vom Tod der Mutter, die sie seit Jahren nicht mehr gesehen hatten, »förmlich« mitgeteilt worden sein.

Deine Tochter Gesine hatte inzwischen das Schneiderhandwerk erlernt und wird später nach Brinkum heiraten, auch das heute ein Ortsteil von Stuhr. Und auch hier, Catharine, sind inzwischen viele neue Wohngebiete entstanden, die dem ehemals ländlichen Charakter des Dorfes ihren Stempel aufgedrückt haben. Wieder sind neue Straßen entstanden, die einen Namen erhalten mussten. Und hier in Brinkum hat man die Straßen anteilig jeweils zur Hälfte nach berühmten Männern und nach berühmten Frauen benannt. Nicht nur nach Schriftstellern wie Theodor Storm, sondern auch nach Männern, die bahnbrechende Erfindungen in Technik und Medizin gemacht haben. Wie Nikolaus Otto, der den Verbrennungsmotor für unsere Autos erfunden hat. Ein Leben ohne diese Blechkisten können wir uns heute gar nicht mehr vorstellen. Oder nach Robert Koch, der zwei Jahre nach deinem Tod den Erreger der Tuberkulose entdeckt hat. Heute ist diese Krankheit heilbar, doch für dich, Catharine, kam diese Entdeckung zu spät.

Ebenso viele Straßen wurden aber auch nach Frauen benannt, nach Schriftstellerinnen wie Ricarda Huch, Anna Seghers oder Ina Seidel. Aber auch nach Physikerinnen wie Marie Curie und Lise Meitner, nach der inzwischen auch eine Schule in *Moordeich* benannt ist, die zwei meiner Enkelkinder besuchen, die ja, bei Licht besehen. Deine Ur-Ur-Ur-Enkel sind.

Eine dieser Straßen ist nach Elly Heuss-Knapp benannt. Sie war die Ehefrau eines unserer früheren Bundespräsidenten. Aber die Straße hat man ihr nicht aus diesem Grunde gewidmet. Sie hat vor etwa 70 Jahren eine Stiftung gegründet und damit das *Müttergenesungswerk* ins Leben gerufen. Diese Stiftung gibt Müttern, die unter den täglichen Belastungen krank werden, die Möglichkeit, sich einige Wochen, mit ihren Kindern oder auch alleine, in einem Heim zu erholen.

Sie müssen nicht selbst kochen, können das tun, was du »faulenzen« nennen würdest – sich ihren Lieblingsbeschäftigungen hingeben, lesen, malen (nicht die Wände kalken), spazieren gehen, sich massieren lassen, und werden in den Heimen ärztlich versorgt. Für dich kommt diese Entwicklung leider zu spät, Catharine, eine Erholung dieser Art hätte dir sicher gut getan.

Auch ich habe, als meine Töchter noch klein waren, eine solche Auszeit in Anspruch genommen. Dafür können wir Elly Heuss-Knapp nur dankbar sein. Hat sie doch mit der Gründung auch den Fokus auf die Überlastung der Mütter gelenkt.

Doch nach uns beiden, Catharine, wird man wohl nie eine Straße benennen. Dazu sind wir beide zu sehr »Durchschnitt« unserer jeweiligen Zeitepoche.

Doch zumindest ein Kapitel in meinem Buch ist dir und deinem Leben gewidmet.

Liebe Etha,

du bist diejenige unter unseren Ur-Großmüttern, über die wir kaum etwas wissen würden, hätte nicht deine Enkelin Frieda im hohen Alter von 80 Jahren ihre Kindheitserinnerungen aufgeschrieben und darin von ihren Ferien-Aufenthalten bei euch in Heppens erzählt.

Und doch, das Wenige, was ich nun über dich weiß, macht mich sprachlos. Wie kann ich dir schreiben, wenn mir die Worte fehlen? Du hattest ein schweres Joch zu tragen, im bildlichen wie im symbolischen Sinne.

Ich habe zwar gehört und gelesen, dass vielen Frauen ein ähnliches Schicksal widerfahren ist wie dir, sind doch Frauenschicksale wie das deine von der Literatur deiner Zeit immer wieder aufgegriffen worden. Doch keine dieser Frauen ist mir so nahe gekommen wie du.

1842 wirst du in dem kleinen Dorf Wiefels in Friesland, nicht weit von der Stadt Jever entfernt, geboren. Dein Vater ist Schumachermeister, wie deinem Geburtseintrag zu entnehmen ist. Mehr wissen wir über deine Kindheit nicht.

Erst dein Heiratseintrag von 1866 im Kirchenbuch von Heppens gibt uns weitere Auskünfte, auch darüber, dass du bis zu deiner Verheiratung als Dienstmagd in Wiefels, deinem Geburtsort, gearbeitet hast. Und wenn ich deinen weiteren Lebensweg betrachte, muss ich davon ausgehen, dass dein Ehemann Harm, ein Zimmermann, der in Alt-Heppens einen Zimmerei-Betrieb führt, wohl auch mehr Interesse an einer Dienstmagd als an einer Ehefrau hatte.

Ich habe deinen Geburtsort besucht, Etha, der sich auch heute noch im Radius um die auf der Warft gelegene Kirche erstreckt. Deine gesamte Kindheit und Jugend hat Pastor Doden eure Gemeinde betreut, er wird dich getauft und konfirmiert haben. Und er wird die Schule des Kirchspiels betreut, vielleicht sogar den Unterricht übernommen haben.

War dein Vater als Schumacher der Meinung, eine vierjährige Schulbildung wäre für eine zukünftige Dienstmagd ausreichend? Wurde dir diese »Berufung« bereits mit in die Wiege gelegt?

Auch wenn sich die Legende vom »Fräulein Maria«, Maria von Jever, die vor 300 Jahren in Jever geherrscht hat, erhalten hat, ist die Zeit auch im Jeverland nicht stehengeblieben.

Und so gab es auch dort zu deiner Zeit bereits eine »Unterrichtspflicht«, allerdings, wie in vielen anderen Ländern des Deutschen Bundes, noch keine »Schulpflicht«. Denn der preußische Staat konnte seiner Pflicht, ausreichend Schulen und Lehrer zu stellen, noch nicht in vollem Ausmaße nachkommen.

Und so standen nach wie vor viele Schulen unter der Verantwortung der Kirchen, zumindest, wenn es den dörflichen Raum betraf. In den Städten dagegen gab es bereits private Schulen, die aber kostenpflichtig waren, wie auch die wenigen staatlichen Schulen. Die Eltern dieser Kinder, die diese Schulen besuchen konnten, mussten also über ein gewisses Einkommen verfügen, um das Schulgeld zahlen zu können.

Bei euch in Wiefels wird es nur die Schule des Kirchspiels gegeben haben. Und ich stelle mir die Frage: Haben deine Eltern dich regelmäßig zum Schulunterricht gehen lassen? Oder haben sie dich nach der 4. Klasse zu Hause behalten, damit du im Haushalt mithelfen konntest?

In deiner Zeit sah man die Notwendigkeit einer Schulbildung für Jungen zwar ein, zumal, wenn sie den elterlichen Betrieb übernehmen sollten. Wenn man Mädchen eine Schulbildung – und vielleicht sogar noch eine weiterführende Ausbildung – zugestand, dann vor allem deshalb, damit sie ihrem späteren Ehemann eine ebenbürtige und gleichwertige Gesprächspartnerin sein sollten – aber nicht um ihrer selbst Willen. Die einzige Ausbildung, die man Frauen inzwischen zugestand, war die zur Lehrerin, Gesellschafterin und Erzieherin. Den Umgang mit Kindern sprach man den Frauen zu.

Im Laufe deines Lebens werden sich die Verhältnisse grundlegend ändern. Du konntest von den Veränderungen nicht mehr profitieren, Etha, deine Tochter und ganz besonders deine Enkelkinder aber schon.

Und das haben wir auch einigen mutigen und selbstbewussten Frauen zu verdanken – die, allerdings im Gegensatz zu vielen anderen Frauen – bereits eine umfangreiche Schulbildung erhalten hatten. Frauen wie Minna Cauer und Helene Lange, nach der heutzutage auch viele Schulen benannt wurden.

Sie wurden im selben Jahrzehnt geboren wie du, Etha, Helene Lange nicht weit von Jever entfernt, in Oldenburg. Und beide Frauen hatten bereits eine Ausbildung zur Lehrerin absolviert und auch schon in diesem Beruf gearbeitet, als sie 1887 zusammen mit anderen Frauenrechtlerinnen eine Petition für bessere Mädchenbildung im Preußischen Abgeordnetenhaus einbrachten.

1872 hatte in Weimar erstmals eine Konferenz zur Reformierung der Mädchenbildung stattgefunden, an der 110 Lehrer und 54 Lehrerinnen teilgenommen hatten. Doch bis zur hundertprozentigen Umsetzung dieser Forderung durch den Staat sollte es noch bis 1919 dauern. Deine Enkelin Frieda allerdings hat bereits davon profitiert, dass sie in Bremen aufwuchs und hier – auch als Mädchen – ganz selbstverständlich die Schule besuchen konnte.

Doch im Jahr 1866, als du deinen Harm heiratest, hat diese Reform noch einen langen Weg vor sich. Du bist zu diesem Zeitpunkt 24 Jahre alt, Harm 36 Jahre. War er bereits verwitwet? Umso erstaunlicher, dass eure älteste Tochter Almine erst nach 13 Ehejahren geboren wird, die beiden Söhne Robert und Hermann in den darauf folgenden neun Jahren. Ist es möglich, dass euch das eine oder andere Kind in diesen ersten 13 Jahren geboren und dann schon bald durch den Tod wieder genommen wurde? In einer Erhebung aus dem Jahr 1869 heißt es, dass von fünf Kindern nur zwei das heiratsfähige Alter erreichen. Und eurem Hermann wäre es fast ebenso ergangen. Es schaudert mich, wenn ich die Geschichte in Friedas Memoiren nachlese.

In eurem Haus in der Alten Marktstraße gab es noch keine Wasserleitungen, wie wir das heute gewohnt sind. Auch eine Pumpe in der Küche, die das Wasser hochpumpen konnte, gab es in eurem Haus noch nicht.

Dafür war in den Holzfußboden in der Küche eine Luke eingebaut, unter der sich ein Wasserschapp befand. Die Luke wurde hochgeklappt, und dann wurde so viel Wasser mit einem Eimer aus dem Schapp geholt, wie am Tage gebraucht wurde. Eine gefährliche Einrichtung, wie ihr bald mit Schrecken erleben musstet. Hatte doch jemand vergessen, das Schapp zu schließen, und der dreijährige Hermann fiel hinein.

Als ihr mit der Petroleumlampe hineinleuchtetet, saht ihr ihn bewusstlos auf dem Boden liegen. Zum Glück hat dein siebenjähriger Robert sofort reagiert und seinen kleinen Bruder herausgeholt. Geistesgegenwärtig habt ihr den kleinen Bengel mit den Beinen nach oben, den Kopf nach unten, hochgehalten und ihn so wieder zum Leben erweckt.

Was für ein schreckliches Erlebnis, Etha. Das hat sogar deinen Harm berührt und er hat schleunigst eine Pumpe in der Küche einbauen lassen. Das Geld dafür hatte er.

Die Zeit nach deiner Heirat 1866 war in Heppens auch ohne dieses tiefgreifende Erlebnis voller einschneidender Ereignisse. Gilt doch Heppens und das daran grenzende Hafengebiet seit 1856 als die größte Baustelle Europas.

Der König – und angehende Kaiser – baut hier – marineaffin, wie er ist – einen Hafen, genauer gesagt, seinen Hafen, Wilhelms Hafen. Doch nicht nur der König ist von der Marine begeistert. Das ganze Land zieht mit, und alle kleinen Jungen tragen sonntags und zu besondern Anlässen einen Matrosenanzug und werden darin auch von den stolzen Eltern zum Fotografen geschickt, um diese Modeerscheinung für alle Zeiten festzuhalten. Wurden auch deine Söhne an den Festtagen mit einem solchen Anzug herausgeputzt?

Doch auch direkt in Heppens wird fleißig gebaut, wird hier doch ein Jahr nach eurer Hochzeit eine Eisenbahnlinie eröffnet, die von Bremen über Oldenburg in das – noch – kleine Heppens führt. Es ist jene Eisenbahn, mit der deine Enkelin Frieda später zu euch zu Besuch kommen wird.

Es ist eine wechselvolle Zeit, in der du lebst, in politischer wie auch in technischer Hinsicht. Schon 1835 wurde die erste Eisenbahnlinie zwischen Nürnberg und Fürth eingeweiht. 1843 umfasst das Schienennetz im Deutschen Reich bereits mehrere 100 km und 1859 hat es eine Streckenlänge von über 7.000 km. Nur Großbritannien und Amerika haben größere Eisenbahnnetze. Und seit 1867 reicht dieses Eisenbahnnetz auch bis nach Heppens. Für eine Strecke, die ein Pferdefuhrwerk in einem Tag zurücklegt, braucht die Eisenbahn nur noch ein bis zwei Stunden.

Und mit dieser Eisenbahn wird am 17. Juni 1869 König Wilhelm I. – noch ist er nicht Kaiser – eintreffen, um seinen Hafen zu eröffnen und der Stadt am Hafen seinen Namen zu geben, Wilhelmshaven. Heute, Etha, ist Heppens nur noch einer von mehreren Stadtteilen der Stadt Wilhelmshaven.

Es regnet heftig an diesem Tag. Hast du dich aus dem Haus getraut, um den König zu sehen? Du schüttelst den Kopf. War das schlechte Wetter der Grund? Oder die Angst vor dem Groll deines Mannes? Ich fürchte, nach allem, was ich gelesen habe, war letzteres der Grund, hast du kapituliert vor Harms Unberechenbarkeit und Aggressivität.

Doch das sollten nicht die einzigen unangenehmen Charaktereigenschaften deines Mannes sein. Auch sein Geiz ist überliefert, hat er doch nicht nur dir, sondern auch eurer Tochter Almine das Leben schwer gemacht. Wenn du einkaufen wolltest – und es ja auch musstest, sonst hätte nichts zu Essen auf dem Tisch gestanden – musstest du dir das Geld dafür erbetteln. Oft hast du Almine in die Werkstatt geschickt mit dem Auftrag: »Sag Vater, er soll dir Geld geben«. Doch statt Almine Geld zu geben, warf er oft den Hobel nach ihr.

In ihren Erinnerungen nennt deine Enkelin ihren Großvater aber nicht geizig, sondern nur sparsam. Und er hatte sich so Einiges erarbeitet und erspart. Durch den Hafenbau siedelten sich immer mehr Menschen in Heppens an. Neue Häuser wurden gebaut. Und das geschah auch in eurer Straße in unmittelbarer Nachbarschaft. Als du eines Tages auf der Straße einen Nachbarn fragtest: »Wer baut denn hier?« antwortete der »Na, ihr!«

Du hattest es nicht gewusst, Etha. Wie hast du dich nach dieser Antwort gefühlt? Dein Mann hatte dich nicht in seine finanziellen Transaktionen mit einbezogen, behandelte dich wie eine Dienstmagd und nicht wie eine Ehefrau, weigerte sich sogar, dir das für den Haushalt notwenige Geld auszuhändigen.

Ich kenne deine Antwort auf diese Frage. Du hast dir seine lieblose Art so sehr zu Herzen genommen, dass du depressiv wurdest und versucht hast, dich aufzuhängen. Nur die Tatsache, dass deine Tochter Almine, noch im Kindesalter, dich früh genug entdeckte und Hilfe holte, rettete dir das Leben und den Kindern die Mutter.

Dieses Ereignis hat deinem Harm die Augen geöffnet, zumindest für kurze Zeit. Er kaufte dir eine Kuh, dazu ein Stück Land, auf dem die Kuh weiden, und eine Scheune, in der sie überwintern konnte. Deine Enkelin Frieda erinnert sich in ihren Memoiren:

Dort ging ich nachmittags mit der Großmutter zum Melken. Sie legte sich erst ein Joch auf die Schultern, hängte zwei Eimer daran und los ging es zur Weide. In jedem Eimer lag ein glattes Brett, dann konnte die Milch nicht überschwappen.

Wieder zuhause angekommen, seihte sie die Milch durch ein Sieb und es dauerte auch nicht lange, dann kamen die ersten Kunden. Die Milch war billig. Im Schrank stand jedenfalls eine Schüssel mit Pfennigen und ich muß gestehen, dass ich mir manchmal einen oder zwei Pfennige daraus holen und mir etwas Süßes kaufen durfte.

Es klingt fast wie ein Hohn, Etha: dein Harm verfügt über das gesamte Vermögen, baut Häuser damit und kassiert die Miete, und du darfst über das Geld verfügen, das du mit der Milch einer einzigen Kuh verdienst.

Welches Joch hat schwerer gewogen?

Hast du jemals einen anderen Weg in Erwägung gezogen, um dem »Ehegefängnis« zu entgehen, Etha? Über eigenes Geld verfügtest du nicht, abgesehen von deinem Milchgeld. Die einzige Möglichkeit für dich wäre gewesen, zurück zu deinen Eltern zu gehen oder als Dienstmagd in fremden Häusern zu arbeiten. Aber hätten deine Eltern dich überhaupt wieder aufgenommen? Eine Frau, die ihren »ehelichen Pflichten« nicht nachkam?

In der Literatur deiner Zeit wimmelt es von Frauengestalten, die genau dieses versuchen, ihrem »Ehegefängnis« zu entfliehen. Und diese Geschichten wurden nicht nur von Frauen geschrieben, sondern auch von Männern, die die Stimmung ihrer Zeit in ihren Romanen und Theaterstücken zum Thema machten.

Diese literarischen Frauen wie *Effi Briest* oder *Nora* stammten zwar aus einer gehobenen bürgerlichen Schicht und verfügten bereits über eine ebenfalls gehobene Ausbildung – doch auch sie scheiterten mit ihren Versuchen, ein selbst bestimmtes Leben zu führen, an den gesellschaftlichen Konventionen.

Theodor Fontane beschreibt in seinem Roman *Effi Briest* 1896 eine junge Frau, die mit einem 20 Jahre älteren Baron verheiratet wird.

Eingefädelt hatte die Ehe die Mutter der Braut, zu deren Verehrern der Baron in ihrer Jugend zählte. Doch Effi verkümmert in der Ehe, und erst der Umzug nach Berlin bringt Veränderung in ihr bisher tristes Leben. Zu große Veränderungen. Sie blüht auf, wird sogar eine der Ehrendamen von Kaiser Wilhelm und seiner Frau. Doch die Verlockungen und Freiheiten der Großstadt führen dazu, dass sie einen Schritt wagt, der bisher nur Männern zugestanden wurde – sie nimmt sich einen Liebhaber. Als ihr Mann die Liebesbriefe jenes Nebenbuhlers findet, fordert er diesen, der Zeit gemäß, zum Duell heraus und erschießt ihn.

Ehemann und Tochter wenden sich von Effi ab und ihre Familie verstößt sie. Im Alter von 29 Jahren stirbt sie an gebrochenem Herzen.

Dieser Roman zeigt den Druck der gesellschaftlichen Konventionen auf, denen Frauen wie du am Ende des 19. Jahrhunderts immer noch ausgesetzt waren. Was Männern nachsichtig verziehen wurde, auch von Frauen, durften Frauen sich noch lange nicht erlauben.

Hätten deine Eltern dich überhaupt wieder aufgenommen, Etha, wenn du Harm verlassen hättest? Deine Kinder hättest du wahrscheinlich zurücklassen müssen.

Und ich glaube nicht, dass du so abgebrüht warst wie *Nora*, die in einem Schauspiel, das der norwegische Dichter Henrik Ibsen 1879 geschrieben hat, auch dieses in Kauf genommen hättest. Nora ist mit einem Rechtsanwalt verheiratet, der ihr das Leben so komfortabel wie irgend möglich macht. Sie lebt in einem *Puppenheim*, wie sie es sieht. Das Haus ist geschmackvoll eingerichtet und alle Arbeiten werden ihr von Dienstboten abgenommen. Du hättest von einem solchen Leben noch nicht einmal zu träumen gewagt, Etha.

Doch Nora fühlt sich in diesem *Puppenheim* gefangen, sie sucht nach einer Aufgabe, will auch außerhalb des Hauses eine »Rolle« spielen. Und so beschließt sie, ihren Mann und die Kinder zu verlassen.

Das Theaterstück sorgte derzeit für ungeheuren Wirbel. Zur Uraufführung in Kopenhagen musste Ibsen das Stück umschreiben, in

England wurde die Aufführung ganz verboten. Und in Deutschland weigerte sich eine Schauspielerin, die Rolle der Nora zu spielen.

Ibsen selbst soll über das Stück gesagt haben: »*Eine Frau kann nicht sie selbst sein in der Gesellschaft der Gegenwart, einer ausschließlich männlichen Gesellschaft, mit von Männern geschriebenen Gesetzen und Anklägern und Richtern, die über das weibliche Verhalten vom männlichen Standpunkt aus urteilen.*«

Es waren nicht nur Frauen, die um Selbstverwirklichung kämpften, sie hatten auch Männer an ihrer Seite, wenn auch nur wenige. Wer allerdings nicht an ihrer Seite stand, war der Kaiser. Das Rollenbild von Nora, Effi Briest und jenes der Frauenrechtlerinnen, die für mehr Rechte und Freiheiten kämpften, entsprach nicht dem Frauenbild des Kaiserreichs.

Und die Frauen merkten natürlich den Gegenwind, der ihnen entgegenblies, nicht nur von Männern, sondern auch aus ihren eigenen Reihen. Die Frauenrechtlerin Minna Cauer hat es in einem Zitat auf den Punkt gebracht: *Wir enden tragisch und leiden ein Martyrium, wenn wir die Zukunft zu früh in die Gegenwart hineintragen wollen.*

Was sie damit sagen wollte: es ist nicht einfach, eine Jahrtausende alte Gesellschaftsform in einigen wenigen Jahrzehnten umzukrempeln.

Hat dein Harm sein Verhalten dir gegenüber wirklich geändert? Er soll auch als Stadtrat in Heppens gewirkt haben. Im 20. Jht. gab es das Zitat: *Hinter einem erfolgreichen Mann steht immer eine starke Frau* … die ihm den Rücken freihält, muss ich hinzufügen. Du warst jene Frau, Etha, die Harm den Rücken freigehalten hat. Und er hat das für selbstverständlich gehalten, etwas anderes wäre ihm gar nicht in den Sinn gekommen. Entsprach das doch dem Frauenbild des Kaiserreichs.

Selbst 1910 noch – und du hast es selbst miterlebt – hat Kaiser Wilhelm, dieses Mal der Zweite, seinen »Untertaninnen« angeraten, es nicht den Männern gleichtun zu wollen. Ihre Hauptaufgabe läge in der stillen Arbeit im Haus und in der Familie.

Doch das wollten viele Frauen deiner Generation nicht mehr hinnehmen, die Töchtergeneration schon gar nicht. Frauen wie Minna Cauer, Helene Lange oder Anita Augspurg wollten nicht nur gleiche Bildungs- und Berufschancen für Frauen, sie kämpften auch dafür, dass Frauen bei den Wahlen ein Stimmrecht erhalten sollten.

Die Schriftstellerin Hedwig Dohm formulierte diese Forderung 1876 in ihrer Streitschrift *Der Frauen Natur und Recht*. Sie sah für die Frauen in der Teilnahme an den Interessen des Staates keine Pflicht, sondern ein Recht.

Doch auch Männer schlugen sich auf ihre Seite, wie der Historiker Johann Jakob Bachofen, der 1861 in seinem Werk *Das Mutterrecht* feststellt, dass die Vorherrschaft des Mannes in der Familie und Gesellschaft nicht naturgegeben, sondern aus einer geschichtlichen Entwicklung heraus entstanden ist und daher verändert werden kann. Beide waren durch ihre Veröffentlichungen harscher Kritik und Anfeindungen ausgesetzt.

Die Frauen wollten mehr als nur die Dienstmagd ihres Ehemannes sein. Sie wollten auch nicht mehr im »Puppenheim« gefangen sein, sondern auch außerhalb des Hauses eine Rolle spielen: einen Beruf ausüben, die Politik mitbestimmen, an Universitäten studieren.

Die erste 1876 in Deutschland zugelassene Ärztin Franziska Tiburtius musste in Zürich studieren, weil Frauen in Deutschland noch nicht zum Medizinstudium zugelassen waren.

Kaiser Wilhelm II. hatte nicht nur von der Frau die Arbeit im Haus gefordert, sondern es sollte auch eine »stille« Arbeit sein. Auf keinen Fall sollte die Frau aufmüpfen. Ist das der Grund, Etha, warum wir Nachfahren so wenig von dir wissen? Dass du deine Aufgabe in der »stillen« Arbeit im Haus und in der Familie gesehen hast?

Doch kaum hatte Kaiser Wilhelm seinem Land 1918 den Rücken gekehrt und das Kaiserreich war Geschichte, ging es aufwärts mit den Frauen.

Bereits 1901 hatten sie sich das Recht zum Studium an den Universitäten erkämpft, und ab 1919 durften sie nicht nur die Regierung wählen, sie durften sich auch in diese Regierung hineinwählen lassen und die Politik des Landes mitgestalten.

Doch bis auch im Deutschen Gesetzbuch Männer und Frauen gleichgestellt waren, sollten noch Jahrzehnte vergehen. Zwar waren in der Weimarer Republik, deren Anfang du noch miterlebt hast, Etha, Männern und Frauen die gleichen staatsbürgerlichen Rechte zuerkannt worden, doch dies bezog sich nicht auf das Privatleben.

Erst 1948 konnte die Rechtsanwältin Elisabeth Selbert, die in den Parlamentarischen Rat gewählt worden war, gegen Widerstände endlich durchsetzen, dass in das neue Grundgesetz der Satz aufgenommen wurde *Männer und Frauen sind gleichberechtigt.*

Danach mussten jene Bestimmungen im Bürgerlichen Gesetzbuch, die sich auf das Familienleben bezogen und noch aus dem Kaiserreich, nämlich aus dem Jahr 1896 stammten, überarbeitet werden. Erst 1957 dann trat das Gleichstellungsgesetz endlich in Kraft.

Helene Lange hatte einmal gesagt: *Gesetze werden nicht für gute, sondern für schlechte Ehen gemacht.* Vermutlich hat sie bei diesem Gedanken Ehen wie die deine vor Augen gehabt, Etha. Aber hätte dein Harm sein Verhalten wirklich geändert, hätte es diesen Paragrafen schon zu eurer Zeit gegeben? Oder hättest du andererseits dein Recht ihm gegenüber eingefordert?

Deine Tochter Almine jedenfalls hat aus den Erfahrungen, die sie mit der Ehe ihrer Eltern gemacht hat, für sich den Schluss gezogen, dass sie keinen geizigen Ehemann heiraten wollte. Was sie auch nicht getan hat. Ihr Ehemann dagegen hat einen etwas lockeren Umgang mit dem Geld gepflegt, was dem Familienleben auch nicht unbedingt zuträglich gewesen sein soll.

Ich hatte diesen Brief mit den Worten begonnen, dass mich dein Schicksal sprachlos gemacht hat. Doch wenn ich jetzt einen Blick auf die Länge dieses Briefes werfe, kann ich mich der Feststellung nicht entziehen, dass ich mehr Worte gefunden habe, als ich erwartet hatte.

Ob es aber ein Trost für dich ist – oder überhaupt sein kann – dass sich die Verhältnisse – zumindest auf der Basis der Gesetze – seit deiner Zeit verbessert haben, darüber möchte ich mir lieber keine Gedanken machen. Und auch nicht darüber, dass es immer noch Frauen geben soll, die trotz dieser Gesetze ein ähnliches Schicksal erleiden wie du vor über 100 Jahren.

Liebe Bertha,

wie muss ich, als Einzelkind aufgewachsen, mir deine Kindheit vorstellen, eine Kindheit, in die du als siebtes von insgesamt neun Kindern hineingeboren wurdest. In eine Hüfnerfamilie in Leubsdorf im Erzgebirge. Im Jahr 1847.

Bei dieser Jahreszahl schrillen bei mir die Alarmglocken. Habe ich doch in der Schule gelernt, dass das Jahr 1848 das Jahr der Revolution in Deutschland – und nicht nur in Deutschland – war, und dass das Erzgebirge und das angrenzende Schlesien zu den ärmsten Regionen des Landes zählten.

Dass du und deine Geschwister diese schlimmen Zeiten der Kindheit, die durch jahrelange Missernten und die dadurch resultierende Verteuerung der Lebensmittel geprägt waren, alle überlebt haben, mag der Tatsache geschuldet sein, dass eure Familie als Hüfner über eigenes Land verfügte und Obst und Gemüse selbst anbauen konnte. Nahrungsmittel, die wichtig für den Aufbau und Erhalt des Immunsystems sind, auch wenn ihr damals darüber kaum etwas gewusst habt. War doch das wichtigste Nahrungsmittel das *täglich Brot*.

Auch ich bin in eine Zeit des Hungers hineingeboren worden, Bertha, fast 100 Jahre später, im Jahr 1945, genauer gesagt sieben Wochen, nachdem der Zweite Weltkrieg zu Ende gegangen war. Auch du hast noch einen Krieg miterleben müssen, der als der Erste Weltkrieg in die Geschichte eingegangen ist, und auch ihr musstet den Gürtel enger schnallen. Doch der zweite große Krieg hat verbrannte Erde hinterlassen, und nur dank der Tatsache, dass wir Verwandte auf dem Lande hatten, die wie ihr Gemüse anbauen und Hühner halten konnten, wurde unser Hunger immer wieder gestillt. Durch Pakete, die mit Würsten, Eiern, Speck und Obst und Gemüse voll gepackt waren, manchmal sogar mit einem toten Huhn.

Eure Familie, Bertha, hat die Jahre der Hungersnöte scheinbar unbeschadet überstanden, haben doch alle neun Kinder diese Zeit überlebt und das »Erwachsenenalter erreicht«, wie es damals formal hieß. Für das 19. Jahrhundert durchaus nicht selbstverständlich.

Doch als du 18 Jahre alt bist, stirbt eure Mutter. Einige deiner älteren Geschwister haben den elterlichen Hof bereits verlassen, und als dein Vater zum zweiten Mal heiratet, eine Frau, die kaum älter ist als du, und mit der er nochmals drei Kinder zeugen wird, ist wohl auch deine Zeit im elterlichen Hause abgelaufen.

Da trifft es sich gut, dass du den zwei Jahre älteren Alwin kennenlernst. Er ist gelernter Tischler und stammt aus Rittersgrün, einem Ort, 40 km von Leubsdorf entfernt.

Alwin entstammt einer Dynastie von Bergleuten, und vielleicht war auch ihm dieser Beruf in die Wiege gelegt worden, konnte eine gute Zimmermannsausbildung einem Bergarbeiter doch das Überleben sichern. Denn im Bergwerksstollen entschied das richtige Abstützen durch stabile Holzbohlen oft über Leben und Tod.

Doch Alwin entschied sich gegen den Bergarbeiter-Beruf und den Verbleib in Rittersgrün und, wie viele Zimmerleute seiner Zeit, für die Wanderschaft, die Walz.

Er hat diesen Schritt sicher mit Bedacht gewählt, galt sein Geburtsort doch als Armenhaus Deutschlands. Als er zwei Jahre alt ist, ist die Armut im Ort mit Händen greifbar. Der Revolutionär und Dichter Robert Blum bringt in der *Illustrierten Zeitung* in Leipzig die Situation mit einem Satz auf den Punkt: »*Ein Dach über Rittersgrün, und das Armenhaus ist fertig.*« 1948 wird eben jener Robert Blum in Wien als Revolutionär »standrechtlich« erschossen.

Es gärt bereits seit 1844 in deutschen Landen. In Schlesien hatten die Weber den Aufstand geprobt, der vom Militär nach drei Tagen blutig niedergeschlagen wurde. Er war eine Folge der fortschreitenden Industrialisierung. Die schlesischen Weber, die am heimischen Webstuhl Tuche herstellten, bekamen Konkurrenz durch Fabriken, in denen an mechanischen Webstühlen die Stoffe billiger und schneller gefertigt werden konnten. Das brachte den Heimwebern weniger Lohn ein, was, verbunden mit der landesweiten Hungersnot, die Weber dazu veranlasste, gegen die Fabrikbesitzer auf die Barrikaden zu gehen.

Die Künstlerin Käthe Kollwitz hat das Leid dieser Weberfamilien in ihren Holzschnitten für die Zukunft festgehalten, und der Dichter Gerhard Hauptmann hat die Lebensumstände der Weber in seinem gleichnamigen Drama für das Theater aufgearbeitet.

Auch der Ort Oederan, nicht weit von Leubsdorf, deinem Heimatort entfernt, hatte sich mittlerweile zu einem Industriestädtchen entwickelt, in dem ebenfalls Arbeiterfamilien unter ärmlichsten Verhältnissen lebten.

Vielleicht hast du von der Schriftstellerin Louise Otto gehört – oder sogar gelesen – die die Not in Oederan mit eigenen Augen gesehen hatte und dieses Erlebnis in ihrem sozialkritischen Roman *Schloss und Fabrik* aufgearbeitet hat? Es war keine gute Zeit, in die du und dein Alwin hineingeboren wurden. In den Jahren 1846 und 1847 starben allein in Alwins Geburtsort Rittersgrün 185 Menschen, ein Vielfaches der üblichen Durchschnittsrate.

Kein Wunder also, dass im Jahr 1848 das *Kommunistische Manifest* von Karl Marx und Friedrich Engels, das die vorherrschenden Verhältnisse kritisierte, seinen Weg an die Öffentlichkeit fand.

Die Dichterin Bettina von Arnim, die von der bürgerlichen Gesellschaft gerne als *Bürgerschreck* verunglimpft wurde, da sie sich keineswegs den von der Gesellschaft vorgegebenen Normen anpasste, wies immer wieder öffentlich auf die unmenschlichen Zustände hin. Bereits in ihrem *Königsbuch*, dem sie den Titel gegeben hatte »*Dies Buch gehört dem König*« hatte sie 1843 auf die Missstände im Königreich

Preußen hingewiesen. Sicher hatte ihre Begegnung mit Karl Marx ihre Sinne in diese Richtung noch geschärft.

In ihrem späteren *Armenbuch*, in dem sie die sozialen Missstände aufgelistet hatte, fehlte auch nicht die Situation der schlesischen Weber. Doch bevor sie das Buch veröffentlichen konnte, wurde sie von höchster Stelle der Anstiftung dieses Aufstandes verdächtigt und zu zwei Monaten Gefängnis verurteilt. Um einer Verhaftung zu entgehen, ließ sie das *Armenbuch* gar nicht mehr veröffentlichen.

Es waren vor allem die Dichter und Dichterinnen, die sich – Kraft ihrer Wort-Gewalt – für die Rechte der Armen und Unterdrückten stark machten. Das Wort ist eine gefährliche Waffe.

Und es waren vor allem die bürgerlichen Frauen, Bertha, die sich inzwischen auch für die Rechte der Frauen einsetzten, waren die Arbeiter- und Bauersfrauen doch ausschließlich mit Überleben beschäftigt. Doch das sollte sich in den folgenden Jahrzehnten ändern, wie du weißt.

Dass Frauen sich öffentlich zu Wort meldeten, war im preußischen Staate nicht gern gesehen. Anfangs veröffentlichte Louise Otto ihre Artikel unter dem männlichen Pseudonym *Otto Stern*. Sie forderte »die Teilnahme der Frau an den Interessen des Staates«. Heute würden wir sagen: an den Entscheidungen des Staates.

Als Louise Otto 1849 eine »Frauen-Zeitung« herausgab, erging es ihr ähnlich wie Bettina von Arnim. Sie war Verhören und Hausdurchsuchungen ausgesetzt, die Zeitung wurde verboten ebenso wie der von ihr mitbegründete Dienstboten- und Arbeiterinnen-Verein. Eigens ihretwegen wurde 1850 das sächsische Pressegesetz geändert, das von nun an den Frauen die Herausgabe von Zeitungen untersagte.

Ich fürchte, Bertha, vorher war noch niemand auf die Idee gekommen, dass Frauen das geistige Potenzial hatten, um Zeitungen nicht nur zu lesen, sondern auch mit lesenswertem Stoff zu füllen.

Wir haben deinen Geburtsort und den deines Alwin vor einigen Jahren besucht und haben uns als Andenken einen Lichterbogen mit nach Hause genommen. Erst heute weiß ich, dass diese Lichterbögen eher aus einer Not heraus entstanden sind. Heute allerdings sind sie zu einem Exportschlager des Erzgebirges geworden.

Denn nicht nur die Weberfamilien in Schlesien, auch die Bergarbeiterfamilien im Erzgebirge mussten sich durch Waldarbeit und Spielzeugherstellung einen zusätzlichen Lohn erarbeiten, um ihre Familien ernähren zu können. Die ganze Familie, vom Kleinkind bis zum Großvater, musste mit anpacken.

Dass sie den *Schwibbogen*, wie ihr ihn nanntet, schon seit über 100 Jahren anfertigten, hat seinen Ursprung ebenfalls im Bergbau und in der Sehnsucht der Bergarbeiter nach Licht.

Auch unser Lichterbogen zeigt Berghauer und Steiger bei ihrer schweren Arbeit im Stollen. Er zeigt aber auch den Lichterengel und eine Bergarbeiter-Familie, die, am Küchentisch vor dem Ofen sitzend, Spielzeug herstellt. Der Lichterengel steht, wie du weißt, als Synonym für die Frau des Bergmanns, die am Tage zuhause im Licht bleiben darf, während ihr Mann unter Tage von Dunkelheit umgeben ist.

Und so wie diese Bogen aus den Fenstern der Bergarbeiterfamilien leuchteten, um den Männern in der dunklen Jahreszeit »heimzuleuchten«, so steht auch unser Lichterbogen in der Weihnachtszeit im Küchenfenster, um den Weg zu unserem Haus zu erhellen.

Hätte Alwin sich für den traditionellen Beruf seiner Vorfahren entschieden, wie es sein Vater und Großvater getan hatten, dann wäret ihr euch womöglich nie begegnet – oder du wärest sein Lichterengel geworden.

Doch so wird es deinem Alwin nicht allzu schwer gefallen sein, seinen Heimatort zu verlassen und auf die Walz zu gehen, die ihn auch nach Leubsdorf und in deine Arme geführt hat.

Die Wanderjahre waren in vielen Zünften, auch in jener der Zimmerleute, zwingend notwendig, galten sie doch als Voraussetzung für die Zulassung zur Meisterprüfung. Die Gesellen sollten dadurch neue Arbeitspraktiken kennenlernen und Lebenserfahrung sammeln.

Alwin ist ein Mann von stattlicher Erscheinung, und er wird es auch bis ins hohe Alter bleiben, wie Fotografien belegen. Dass er dich beeindruckt hat, kann ich nachvollziehen. Euer Hochzeitsfoto hängt bei uns in der Foto-Galerie. Alwin mit Schnauz- und Kinnbart und voller Haarpracht, im Zweireiher, den Zylinder in der Hand, und du, im langen schwarzen Satinkleid, eine kleine Blumenkrone auf dem Kopf, von der ein weißer duftiger Schleier bis auf den Boden wallt, und einen Strauß weißer Blumen in der Hand, ebenso zart und zerbrechlich wie du.

Es muss Ende der 1860er Jahre aufgenommen sein, der genaue Zeitpunkt eurer Heirat ist nicht überliefert. Ebenso wenig wie die Geburtsjahre eurer beiden ältesten Töchter, Alma und Milda, die in den 1870er Jahren liegen müssen.

Sind sie noch im Erzgebirge zur Welt gekommen oder schon in Wilhelmshaven, wo ihr 1881 erstmals amtlich vermerkt seid durch die Geburt eurer dritten Tochter Olga? Du bist zu diesem Zeitpunkt 34 Jahre alt.

Ein Jahr später, 1882, kommt in Leubsdorf dein letztes und jüngstes Schwesterchen zur Welt. Dein Vater ist zu diesem Zeitpunkt bereits knapp 70 Jahre alt.

Dein Bruder Emil hatte sich bereits 1878 auf den Weg nach Wilhelmshaven gemacht und dort vermutlich in seinem erlernten Beruf als Schlachter gearbeitet. Habt ihr euch gemeinsam auf die Reise ins Unbekannte begeben?

Doch Emil ist ein unsteter Mensch. Bald schon verschlägt es ihn nach Oldenburg, vorübergehend, bevor er sich endgültig in Bremen niederlässt. Er ist bereits zum dritten Mal verheiratet, und er wechselt auch zum dritten Mal seinen Beruf. Er reiht sich am Torfkanal unter die Bootsbauer und Lagerhalter ein. Später gründet er auch noch eine Spedition in Bremen.

Und auch dich, Alwin und die drei Töchter, findet man 1883 in Bremen wieder. Doch im Gegensatz zu deinem Bruder ist dein Alwin seinem erlernten Beruf treu geblieben. Er wird sich mit den Jahren zum selbstständigen Tischlermeister hocharbeiten. Und euer viertes und letztes Kind erblickt nun hier in Bremen das Licht der Welt, Emil Edwin. Er wird euer einziger Sohn bleiben, habt ihr doch nach seiner Geburt die Kinderproduktion eingestellt.

Die Geburt eines Sohnes, des »Stammhalters«, hob im 19. Jahrhundert nicht nur das Prestige der Eltern, sondern er konnte auch das Handwerk des Vaters weiterführen und somit seine Eltern im Alter versorgen. Denn eine Rentenversicherung, wie wir sie heute kennen, existiert zu deiner Zeit zwar schon in den Köpfen einiger fortschrittlicher Politiker, lässt aber noch einige Jahre auf sich warten. Die Knappschaften der Bergleute im Erzgebirge waren da schon einen Schritt weiter. Doch für einen selbstständigen Tischlermeister, wie es Alwin bald sein sollte, hätte die Rente sowieso nicht gegriffen, war sie doch für die Arbeiter gedacht, die im Dienste eines Unternehmers standen.

Wann genau Alwin sich selbstständig gemacht hat, lässt sich nicht mehr nachvollziehen. 1889 jedenfalls reist er in seine alte Heimat, nach Zwickau, um sich dort von der *Königlich Sächsischen Landeshauptmannschaft* einen Staatsangehörigkeitsausweis ausstellen zu lassen. Ich habe das Dokument vor mir liegen. Darin steht in alter deutscher Schrift, die heute nur noch die wenigsten lesen können: *Dem Albin Adolf S... geboren am ... zu Rittersgrün, wird bescheinigt, daß derselbe und zwar durch Abstammung die Eigenschaft als Königlich Sächsischer Staatsangehöriger besitzt.*

Von dir, Bertha, scheint eine solche Urkunde nicht zu existieren.

1889 dann beantragt Alwin unter Vorlage dieses Staatsangehörigkeitsausweises für sich, seine Ehefrau und die zwei *majorennen* Kinder Olga und Edwin die Bremische Staatsangehörigkeit. Er ist dem ausstellenden Beamten scheinbar bekannt, fügt dieser dem Antrag doch folgenden Vermerk hinzu: *S. besitzt, wie Unterzeichnetem bekannt, ein eigenes Möbellager und ist erwerbsfähig. Er bittet, ihm die Urkunde noch vor dem nächsten Bürgereidstermin – 6. November*

– zu erstellen, da er als Vorstands-Mitglied des Wilhadi-Bürgervereins bei der in drei Jahren stattfindenden Bürgerschaftswahl auch gern wahlberechtigt sein wolle. Der Zusatz belegt, dass Alwin es in Bremen inzwischen zu einem gewissen Ansehen gebracht hat.

In der Stadt gilt seit 1854, als Folge der Revolution, die auch an Bremen nicht spurlos vorbeigegangen ist, eine neue Verfassung, das sog. Klassenwahlrecht, nach dem die Bürger in 8 Klassen eingeteilt werden.

Und das Alwin kurze Zeit später erteilte Bürgerrecht bestätigt seine Zugehörigkeit zu diesen Klassen, wahrscheinlich zur 3. Klasse, dem Gewerbekonvent.

Doch wie steht es mit dir, Bertha, und den anderen Frauen? Dank Alwin bist du in den *Staatsverband der Hansestadt Bremen* aufgenommen worden. Aber warst auch du bei der in drei Jahren stattfindenden Bürgerschaftswahl wahlberechtigt? Entschuldige diese Frage, sie ist rein rhetorisch gemeint. Natürlich wirst du mit einem eindeutigen »NEIN« antworten. Das hatte die 48er-Revolution nun doch noch nicht geschafft.

Ich hatte dir von Louise Otto erzählt, die sich in Sachsen, deiner alten Heimat, für die Rechte der Frauen eingesetzt hatte und sogar einen Dienstboten- und Arbeiterinnen-Verein mitbegründet hatte, der allerdings wieder verboten wurde. 1865 dann hat sie mehr Erfolg, als sie zusammen mit Auguste Schmidt und anderen Frauen in Leipzig den *Allgemeinen deutschen Frauenverein* gründet, der sich für Bildungsmöglichkeiten für Frauen und das Recht der Frauen auf einen eigenen Beruf einsetzt.

Diese Frauen hatten bereits vorweg genommen, was der Sozialist August Bebel 1879 in seiner Schrift »*Die Frau und der Sozialismus*« thematisieren sollte.

Er führt die Unterdrückung der Selbstständigkeit der Frauen nicht auf biologische Eigenschaften zurück, sondern sieht die sozialen Verhältnisse als Ursache. Und er ist sich darüber im Klaren, dass Männer aller Klassen – auch der Arbeiterklasse – kein Interesse an einer

Veränderung dieser Verhältnisse haben. Und so ruft er in seiner Schrift die Frauen dazu auf, selbst für ihre Rechte zu kämpfen und nicht auf die Hilfe der Männer zu warten.

Und das hatten Louise Otto und Auguste Schmidt bereits getan. Und auch in Bremen hatte sich eine Frau für demokratische Werte und Frauenrechte stark gemacht. Sie war gerade im Alter von 80 Jahren gestorben, als ihr euch in Bremen niedergelassen hattet. Hat man dir von ihr erzählt, Bertha?

Marie Mindermann war die Tochter eines Drechslermeisters und wurde von der Mutter zu den wichtigsten weiblichen Tugenden der damaligen Zeit erzogen, die besonders auf Sittlichkeit und Arbeiten im Haushalt ausgerichtet waren.

Auch sie veröffentlichte Schriften, in denen sie u.a. das Frauenbild im bremischen Pietismus angriff und zwei Petitionen initiierte, in denen der Unmut der Bremer Bürger über ihre Obrigkeit zum Ausdruck kam. Und auch sie publizierte ihre Schriften, darunter auch über *Die Bremischen Zustände*, nicht unter ihrem eigenen Namen, sondern anonym.

Lange suchte der Bremer Senat nach dem Verfasser dieser Schriften. Als *mann* dann auf Marie Mindermann stieß, konnte *mann* es zuerst gar nicht glauben, dass eine Frau über so viel Verstand verfügte, um diese Schriften zu verfassen. Dann aber ereilte sie ein ähnliches Schicksal wie Bettina von Arnim und Louise Otto. Ihr Haus wurde durchsucht, ihrem Drucker wurde die Presse versiegelt und ihrem Verleger mit der Schließung des Verlages gedroht. Marie Mindermann kam in Untersuchungshaft und wurde zu acht Tagen Gefängnis verurteilt.

Danach schrieb sie nur noch unpolitische Erzählungen, Märchen und Gedichte, doch selbst die traute sich ihr ehemaliger Verleger nicht zu publizieren.

Aber Marie Mindermann verließ nicht der Mut. 1867 gründete sie zusammen mit Ottilie Hoffmann und anderen Frauen nach dem Vorbild der von Louise Otto mitbegründeten Vereine den

Frauen-Erwerbs- und Ausbildungsverein, den es heute noch gibt. Er nannte sich anfangs *Verein zur Erweiterung des weiblichen Arbeitsgebietes*. Der Verein begann mit einer Fortbildungsschule für Kaufmännische Berufe und einer Nähschule. Es kam eine Kochschule dazu, in späteren Jahren konnten Frauen sich auch zur Handarbeitslehrerin und Hauswirtschafterin ausbilden lassen, Buchführung und Maschinenschreiben lernen.

Die Ausbildung erfolgte vorwiegend in Fertigkeiten, die von Frauen traditionell ausgeübt wurden. Sie beinhaltete auch eine Stellenvermittlung, um den Frauen die Möglichkeit zu geben, unabhängig vom Einkommen des Ehemannes sich ein eigenes Einkommen oder eine eigene Existenz zu erarbeiten. Es wurde ein Fundament gelegt, auf das folgende Frauengenerationen aufbauen konnten. Heute, Bertha, sind wir soweit, dass eine Frau auch Tischlermeisterin werden kann wie dein Alwin.

Doch ein einjähriger Kurs am Frauen-Erwerbsverein kostete 120 Mark, was dem Monatslohn eines Arbeiters gleichkam und von vielen Familien nicht geleistet werden konnte.

Haben eure Töchter, Bertha, von diesem Angebot profitiert? Finanziell hättet ihr euch diesen »Luxus« für eure Töchter leisten können, hatte Alwin es doch inzwischen zu einer eigenen Firma und einem eigenen Haus gebracht. Aber hätte er, der ein Patriarch durch und durch gewesen sein soll, dieser »neumodischen« Entwicklung zugestimmt?

Wenn ich die Lebensläufe deiner Töchter betrachte, wäre eine eigene Berufsausbildung für sie durchaus von Vorteil gewesen. Eure beiden Ältesten Alma und Milda finden auf der Einbürgerungsurkunde von 1896 keine Erwähnung, sind also nicht mehr *majorenn* – was in Bremen so viel wie *unmündig* bedeutete. Wahrscheinlich sind sie zu diesem Zeitpunkt bereits verheiratet. Und beide haben keine glückliche Ehe geführt, wie wir wissen.

Milda wird von ihrem Ehemann immer wieder gequält und drangsaliert, heißt es in der familiären Überlieferung. Und ich mag mir dieses Quälen und Drangsalieren nicht wirklich bildhaft vorstellen. Sie soll oft Schutz bei euch, den Eltern, oder ihren Schwestern gesucht haben. Irgendwann hat sie die Konsequenzen gezogen und sich von ihrem Mann getrennt.

Zu damaliger Zeit noch ein gewagter Schritt, gab *mann* und auch *frau* noch bis in die Zeit meiner Jugend hinein doch den Frauen die Schuld an einer zerrütteten Ehe. Eine eigene Berufsausbildung wäre für Milda von Nutzen gewesen.

Almas Schicksal dagegen ist eng verbunden mit der wohl aufregendsten Erfindung deiner Zeit, Bertha, dem Fliegen. Dem Traum vom Fliegen war schon Otto Lilienthal verfallen. Um die Jahrhundertwende dann wurden die ersten Luftschiffe entwickelt, die später sogar in der Lage waren, Menschen zu transportieren. In Deutschland ist diese Entwicklung mit dem Namen des Grafen von Zeppelin verbunden. Das von ihm entwickelte Luftschiff trägt noch heute seinen Namen.

Und das für eure Familie so gravierende Ereignis trug sich im Jahr 1908 zu. Alma lebte inzwischen mit ihrer Familie in der Nähe von Stuttgart, und ihr Ehemann war, wie viele seiner Zeitgenossen, fasziniert von dieser neuen Entwicklung.

Und so trug es sich in eben jenem Jahr zu, dass während eines Probefluges ein Zeppelin aufgrund eines Motorschadens auf einer Wiese bei Echterdingen notlanden musste. Das sprach sich schnell herum, besonders unter den Luftschiff-Enthusiasten, zu denen auch Almas Mann zählte. Eine wahre Völkerwanderung zu dieser Wiese setzte ein, konnten die Menschen doch nun ein Luftschiff aus der nächsten Nähe betrachten.

Die Besatzung des Zeppelin glaubte, das Luftschiff sicher an einer sog. Ankeregge und an extra eingerammten Pfählen verankert zu haben, als eine Gewitterfront aufzog. Eine schwere Böe riss das »Schiff« aus der Verankerung, so dass es abtrieb. Die Besatzung des Luftschiffes konnte sich gerade noch retten, bevor dieses Feuer fing.

Doch unter den Zuschauern traf es ausgerechnet deinen Schwiegersohn, der mit seiner ganzen Familie diesem Spektakel beiwohnte. Als der Zeppelin sich losriss, wurde Almas Mann von dem Anker mitgeschleift und in die Höhe gerissen. Aus beachtlicher Höhe stürzte er ab und wurde an beiden Beinen schwer verletzt. Ein Bein musste später amputiert werden. Für eure Familie war dieses Unglück ein Desaster, hat sich dein Schwiegersohn doch von diesem Schicksalsschlag auch nervlich nicht wieder erholen können.

Zur Ehrenrettung von Graf Zeppelin sei gesagt, dass er deinen Schwiegersohn persönlich im Krankenhaus besucht und ihm eine monatliche Rente angeboten hat. Ob der dieses Angebot angenommen hat, darüber gehen die Ansichten in der Familie auseinander. Auf jeden Fall soll er nach diesem Fall wunderlich geworden sein, die Wohnung nicht mehr verlassen und Fremde nicht mehr hereingelassen haben.

Aber wem erzähle ich das, Bertha, du hast es aus nächster Nähe miterlebt.

Knapp 20 Jahre später ist die Luftfahrt bereits so weit fortgeschritten, dass der Amerikaner Charles Lindbergh mit einem Flugzeug – einer Weiterentwicklung des Zeppelin – den Atlantik überquert. Und weitere fünf Jahre später, und das hast du nicht mehr erlebt, überquert eine Frau im Alleinflug den Atlantik – von Amerika nach Europa und wieder zurück.

Die Amerikanerin Amelia Earhart war der erste Mensch überhaupt, der bzw. die im Alleinflug den Atlantik zweimal überflogen hat. 1937 wollte sie, als erster Mensch, die Erde auf der Äquatorlinie umrunden. Zusammen mit einem Navigator flog sie von Miami über Brasilien, Afrika, Indien und Australien in Richtung Pazifik. Doch als sie bereits drei Viertel der Strecke zurückgelegt hatte, verlor sich ihre Spur im Pazifik. Weder ihr Flugzeug noch Amelia Earhart und ihr Navigator wurden jemals gefunden. Und heute, Bertha, überqueren hunderte dieser Flugzeuge tagtäglich den Ozean, und viele von ihnen werden auch von Pilotinnen geführt. Doch daran hat 1908 noch kein Mann und keine Frau gedacht, mit Sicherheit aber schon davon geträumt.

Und einer deiner Urenkel, Sohn deiner Enkelin Wilma und mein Ehemann, hat 30 Jahre seines Berufslebens damit verbracht, solche Flugzeuge zu entwickeln.

Doch die Folgen des Zeppelin-Unglücks, die für Alma und ihre beiden Töchter zu einer großen Belastung werden – und es auch für den Grafen Zeppelin hätten werden können – werden für Letzteren zu einem Glück im Unglück.

Zuschauer dieses Debakels rufen in Zeitungen zu Spenden für den Grafen auf, überall wird gesammelt, und innerhalb kürzester Zeit kommen über sechs Millionen Reichsmark zusammen. Bereits zwei Monate nach diesem Unglück wird die *Luftschiffbau Zeppelin GmbH* gegründet. Graf Zeppelin soll später den Tag, der so viel Unheil über deine Familie gebracht hat, als die *Geburtsstunde der nationalen Luftschiffahrt in Deutschland* bezeichnet haben.

So ganz anders verläuft das Leben deiner jüngsten Kinder Olga und Edwin. Sie scheinen die Paradiesvögel der Familie gewesen zu sein. Mein Blick fällt auf jenes Bild in unserer Foto-Galerie, das nicht nur als das größte ins Auge sticht, sondern auch schon in eurem Haus gehangen haben muss. Es ist eine Photografie eben jenes Hauses im Steffensweg aus dem Jahr 1906. Über dem Schaufenster im Erdgeschoss prangt die Aufschrift *Möbel-Fabrik*, darunter *Möbel-Polster- und Dekorations-Geschäft*. Neben der Haustür weist ein Schild darauf hin, dass das Geschäft auch *Seegras* und *Herde* führt, Artikel, die heute niemand mehr kennt, und *fertige Särge* auf Lager hat.

Neben der Haustür du und Alwin. Alwin mit vollem grauen Haarschopf und imposantem Bart und du, Bertha, im schwarzen Kleid mit weißer Schürze, wie es sich für eine gute Hausfrau ziemt. Neben euch eure kleine Enkelin Wilma, die Mutter meines Mannes, vier Jahre alt, mit ihrem Puppenwagen.

Dieses Haus war euch Geschäftshaus und Wohnhaus zugleich. Im oberen Geschoss neben den zwei mit Gardinen verhängten Fenstern eine Veranda, mit Blumenkästen geschmückt. Ebenfalls schmückend, fast wie hingegossen, wirkt euer Sohn Edwin im weißen Hemd und mit weißer Fliege, das Haar onduliert, einem Dandy ähnlicher als dem Erben einer Möbeltischlerei. Neben ihm stehend Olga, die Mutter Wilmas, ebenfalls mit weißer Schürze. Doch im Gegensatz zu deiner schlichten Schürze ist Olgas Schürze mit Spitzen und Biesen verziert. Olga liebt das Verspielte, Rüschenhafte in ihrer Kleidung, ebenso wie ihr Bruder, wie viele Fotos belegen. Im Gegensatz zu ihren beiden älteren Schwestern verkörpern sie die Leichtigkeit des Lebens.

Die bleibt auch an der Seite Olgas bis zu ihrem frühen Tod. Die kleine Wilma, sozusagen Olgas Sündenfall, wird daran nichts ändern. Die Entbindung fand in Grambke statt, einem weit von Utbremen entfernten Ortsteil. Hatte Olga dort im Haushalt gearbeitet? Oder habt ihr, die Eltern, sie der Schande wegen dorthin »versetzt«?

Letzteres wird wohl kaum der Fall gewesen sein, ist eure Familie doch, bei aller Autorität Alwins, eine unkonventionelle Familie. Und Wilma und Olga finden sich auch schon einige Tage nach der Geburt in eurem Hause wieder.

Doch Olga hütet ein Geheimnis, das sie bis zum Ende ihres Lebens nicht lüften wird: Das Geheimnis um den Vater der kleinen Wilma. War es der Hausherr, dem sie in Grambke »zu Diensten« war? Olga wird den Namen erfolgreich verschweigen. Ich muss euch meinen Respekt bekunden, Bertha, galt doch ein solcher Vorfall als imageschädigend, nicht nur für die Familie, sondern auch für das Geschäft. Die Nachbarn und Kunden werden geredet, im günstigsten Falle getuschelt haben. Selbst in meiner Jugend bekamen noch viele junge Mädchen von den Eltern den Satz mit auf den Weg: »Komm mir bloß nicht mit einem Kind nach Hause!«

Doch Olga wird vorerst nicht heiraten, weder den Vater des Kindes noch einen anderen Mann. Hat das tragische Schicksal ihrer Schwestern, die an ihren Ehen fast zerbrochen wären, sie davon abgehalten?

Olga wird den größten Teil ihres Lebens in Bremen verbringen. Doch die Bindung zu ihrer Schwester in Stuttgart ist dokumentiert durch eine Fotografie, erstellt in einem Stuttgarter Fotoatelier. In dunkler Jacke mit Faltenrock und hochgeschlossener weißer Bluse unterstreicht sie das Strenge ihrer Persönlichkeit. Die fingerlosen Handschuhe, der dick aufgetragene Schmuck, die fesche Stola und der hoch drapierte Hut dagegen zeugen von ihrer Verwegenheit. Eine Selbstdarstellerin, die beide Eigenschaften gut miteinander verbinden kann.

Und ein bisschen Verruchtheit steht den Frauen des beginnenden 20. Jahrhunderts gut zu Gesicht. Die Schauspielerinnen und Sängerinnen Marlene Dietrich und Zarah Leander werden es Jahre später mit ihren Liedern »*Ich bin von Kopf bis Fuß auf Liebe eingestellt*« und »*Kann denn Liebe Sünde sein*« auf den Punkt bringen.

Zu einem unbestimmten Zeitpunkt finden wir Olga und Wilma in einem großen Haus in bester Wohnlage wieder, Am Wall, nicht weit von der Weser entfernt. Ein großes, im klassizistischen Stil erbautes Haus, das in Olgas Besitz ist. Habt ihr Olga dieses Haus zum Geschenk gemacht? Du schüttelst den Kopf, Bertha. Hat sich vielleicht der Vater ihrer Tochter ihr Schweigen teuer erkauft? Er muss dann ein reicher Mann gewesen sein, der vieles zu verlieren hatte, besonders Ansehen. Oder hat Olga sich dieses Haus durch ihre »hellseherischen« Fähigkeiten verdient? Die Fragen sind bis heute unbeantwortet und werden es wohl auch für immer bleiben.

Das Haus ist bereits elektrifiziert, wie es zu deiner Zeit heißt. Und es liegt nicht weit von den Eisenbahnschienen der Oldenburgischen Bahn entfernt. Beides wird Olga später bei ihren Seancen von Nutzen sein.

Hier lebt sie in relativem Luxus: dicke Teppiche, üppige Vorhänge und mehrere Flügel dominieren die Wohnung. Olga handelt mit Klavieren. Die hat sie wahrscheinlich von einem Klavierhändler in Kommission genommen. Und Olga gibt Klavierunterricht.

Irgendwann wird sie auch heiraten. Aber nicht den Vater ihres Kindes. Sie lebt in einer Zeit des gesellschaftlichen Umbruchs. Frauen dürfen inzwischen einen Beruf ergreifen, alleine leben, wie Olga es vormacht, und seit 1919 auch zur Wahl gehen. Auch du, Bertha, hast diesen Umbruch noch miterlebt. Hast du ihn begrüßt? Und hast du von dem Recht, das neue Parlament zu wählen, Gebrauch gemacht? Frauen durften sich jetzt sogar ins Parlament wählen lassen, als Abgeordnete, um die Politik mitzugestalten.

In Bremen zogen nach dieser Wahl 18 Frauen in das Parlament ein, darunter Rita Bardenheuer, die 2. Vorsitzende der Internationalen Frauenliga für Frieden und Freiheit, Luise Koch, die 1. Vorsitzende des Bremer Vereins für das Frauenstimmrecht, und Anna Stiegler, die sich für sozialdemokratische Werte einsetzte. Sie alle stellten 9 % der Abgeordneten dar.

Hat dich diese neue Entwicklung verunsichert? Ein Krieg war gerade zu Ende gegangen, das Kaiserreich zerfallen. Die Identifikationsfigur, der Kaiser, war ins Exil abgetaucht. Viele Menschen, Männer wie Frauen, waren zwischen den alten und neuen Wertvorstellungen hin- und hergerissen.

Olga nutzt diese Verunsicherung auf ihre Weise. Eine Zeit der Wahrsager und Hypnotiseure wie Erik Jan Hanussen einer ist, bricht an. Hellseher haben Hochkonjunktur. Und auch Olga öffnet ihren »Salon« für Übersinnliches.

Es ist kein Salon mehr im klassischen Stil der weiblichen Salon-Kultur, wie sie in den vergangenen Jahrhunderten von Frauen wie Madame de Stael in Frankreich oder Rahel Varnhagen, Henriette Herz und Fanny Lewald in deutschen Landen geführt wurden. Frauen, die dem Großbürgertum entstammten und – wie viele Töchter dieses Standes – eine geistige und musische Ausbildung erhalten hatten, um zumindest ihren Ehemännern auf Augenhöhe begegnen zu können. Frauen, die ein neues Frauenbild durchscheinen ließen, die Selbstverwirklichung, um sich von den 3 Ks (Kinder, Küche, Kirche) abzusetzen.

Auch Olga wird eine musische Ausbildung genossen haben, hätte sie doch ansonsten keinen Klavierunterricht geben können.

Doch im Gegensatz zu diesen Salons, in denen sich Frauen und Männer trafen, um hochgeistige und literarische Gespräche zu führen, über Politik und Frauenrechte zu debattieren oder musikalischen Genüssen zu lauschen, die Frauen in der Öffentlichkeit versagt waren, treffen sich in Olgas Salon vorwiegend Männer zu spiritistischen Sitzungen. Es ist ein spezieller Kreis, zu dem sich auch Kapitäne gesellen, deren Schiffe gerade im Bremer Hafen liegen.

Diese Seancen finden nur am Abend statt, wenn sich die Dunkelheit über Bremen gesenkt hat. Dann versammeln sich alle Beteiligten um einen runden Tisch, um die Geister ihrer Verstorbenen anzurufen und sie über die Zukunft zu befragen. Und wie durch ein Zeichen von oben beginnt als Antwort das elektrische Licht zu flackern, um dann gänzlich zu erlöschen.

Olga hat viele Begabungen, und sie weiß sie auch einzusetzen. Wie jene, dass sie nahe an der Oldenburgischen Bahn wohnt und das Stromnetz, besonders im eigenen Haus, durch Wackelkontakte geprägt ist. Sie muss den Fahrplan der Bahn genau gekannt haben, wären doch ansonsten ihre hellseherischen Fähigkeiten infrage gestellt worden.

Olga ist ein Gewächs ihrer Zeit, die den gesellschaftlichen Umbruch für sich zu nutzen weiß. Aber auch ihr Bruder Edwin profitiert von dem neuen Rollenbild. Das Patriarchalische seines Vaters ist ihm fremd. Er verkörpert den »neuen« Mann, der sich vom Vater emanzipiert und seine eigenen Wege geht. Es ist nicht klar, inwieweit er die Tischlerei, die ihm sein Vater in die Wiege gelegt hat, weiterführt.

In den Adressbüchern der 1930er und 1940er Jahre wird er als Diplom-Ingenieur geführt, was eine der Tischlerei entfernte Ausbildung nahe legt. Es bleibt dahingestellt, ob er die Möbelproduktion weiterführt, die wiederum unter dem Namen seiner Frau benannt wird. Genauer heißt es im Adressbuch: *Frau: Möbelgeschäft und Modelltischlerei.* Noch ist die Ehefrau nicht mit eigenem Namen genannt, hat wohl eher eine Alibi-Funktion. Vielleicht hat er seinem Vater zuliebe den Betrieb noch der Form halber erhalten, bis dieser im – für damalige Verhältnisse – biblischen Alter von über 90 Jahren verstorben ist. Er hat dich noch um fast zehn Jahre überlebt, Bertha.

In eurer Familie haben sich sozusagen die alte und die neue Gesellschaftsordnung die Türklinke in die Hand gegeben. Während eure ältesten Kinder Milda und Alma noch im patriarchalischen System verankert waren, haben sich Olga und Edwin bereits die neuen Freiheiten zu eigen gemacht.

Als ihr euch in jungen Jahren auf den Weg ins Unbekannte gemacht habt, Bertha, um der Armut zu entfliehen, hattet ihr da eine Vorstellung von dem Ziel eurer »Reise«?

Zumindest seid ihr dem Hunger entflohen und habt es durch harte Arbeit zu Wohlstand und Ansehen gebracht. Doch es war auch eine Reise durch die Zeit. Du hast die Folgen der industriellen »Revolution« erlebt, die technische »Revolution« vom Pferdegespann zum Luftschiff begleitet und politische Revolutionen erlebt und überlebt. Es war eine von gesellschaftlichen Umbrüchen geprägte Zeit.

Und auch meine Zeit, Bertha, steht im Zeichen eines solchen Umbruchs, der digitalen »Revolution«, deren Folgen noch nicht absehbar sind. Ich wünschte, ich könnte dir die Digitalisierung erklären. Doch deine Vorstellungskraft wird bei Weitem nicht ausreichen, um sie zu verstehen. Auf jeden Fall wäre sie ohne die Industrialisierung und Technisierung der vergangenen zwei Jahrhunderte gar nicht möglich geworden.

Und so sind auch wir heute zwischen alten und neuen Wertvorstellungen hin- und hergerissen. Denn diese digitale Welt beeinflusst schon heute unsere Kommunikation und unsere Arbeitswelt, und sie ist noch längst nicht abgeschlossen. Und auch in den politischen Entwicklungen wird sie ihre Spuren hinterlassen. Viele Menschen schauen inzwischen nicht mehr nur begeistert auf die vielen Möglichkeiten, die ihnen die Digitalisierung bietet, sondern auch verunsichert in die Zukunft.

Und ich frage mich: wie wird wohl meine Ur-Enkelin später diesen Zeitabschnitt bewerten? Und wie wird ihr Leben nach diesem Umbruch aussehen?

Die Lebensdaten der Urgroßmütter

Catharine	1832 – 1880
Etha	1842 – ca. 1920
Bertha	1847 – nach 1925
Sophie	1854 – 1919
Metta	1861 – 1921
Adeline	1863 – 1937
Lisette	1865 – 1940

Annegret Wienberg

Das Haus gegenüber

Eine Geschichte aus dem Findorff

92 Seiten, 33 Abbildungen
Taschenbuch, Format 12 x 19,5 cm
10,90 Euro
ISBN 97v8-3-95494-031-8

Sehen die Bewohner des Hauses in der Hemmstraße aus dem Fenster, dann blicken sie auf das Haus gegenüber. Sie scheinen einen Logenplatz zu haben, denn an den Veränderungen des Hauses gegenüber, den sogenannten Missler-Hallen, kann man den Wandel der Zeit erkennen. Dies ist eine Erzählung über das Leben in einem Bremer Haus über vier Generationen. Der Urgroßvater, ein Kohlhöker, hatte es weit vor dem Ersten Weltkrieg im Stadtteil Findorff gebaut. Aber auch in der Familie gibt es Veränderungen, die nicht nur an der bezaubernden Hutmode der Großmutter sichtbar werden. Die Autorin versteht es, einen Bogen zu schlagen zwischen Menschen in ihrem einfachen Leben und dem Haus gegenüber, wo Geschichte geschrieben wird. Diese Erzählung ist nicht nur eine familiäre, sondern auch eine zeitgeschichtliche Reise in die Vergangenheit des Bremer Stadtteils Findorff.